TRABALHO E LONGEVIDADE

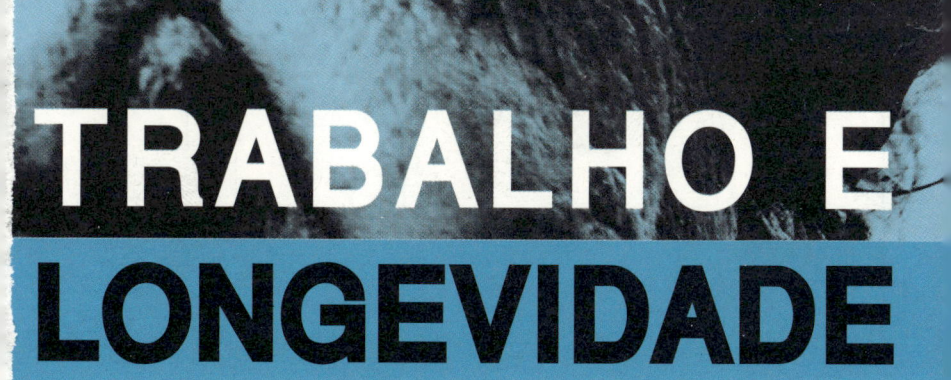

Como o novo regime demográfico vai mudar a gestão de pessoas e a organização do trabalho

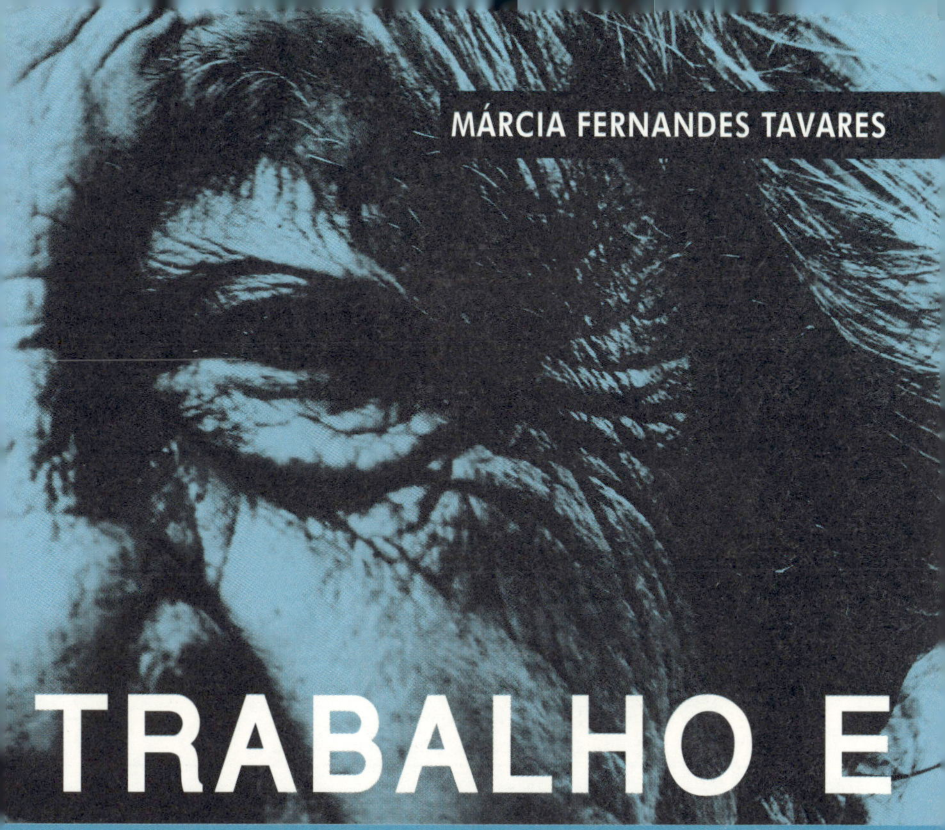

MÁRCIA FERNANDES TAVARES

TRABALHO E LONGEVIDADE

Como o novo regime demográfico vai mudar a gestão de pessoas e a organização do trabalho

Prefácio de Alexandre Kalache

Copyright© 2015 by Márcia Fernandes Tavares

Todos os direitos desta edição reservados à Qualitymark Editora Ltda.
É proibida a duplicação ou reprodução deste volume, ou parte do
mesmo, sob qualquer meio, sem autorização expressa da Editora.

Direção Editorial	Produção Editorial
SAIDUL RAHMAN MAHOMED editor@qualitymark.com.br	**EQUIPE QUALITYMARK**

Capa	Editoração Eletrônica
EQUIPE QUALITYMARK	**PS DESIGNER**

Fotografia de capa
Márcia Fernandes Tavares

CIP-Brasil. Catalogação-na-fonte
Sindicato Nacional dos Editores de Livros, RJ

T228t

Tavares, Márcia Fernandes
Trabalho e longevidade : como o novo regime demográfico vai mudar a gestão de pessoas e a organização do trabalho / Márcia Fernandes Tavares. – 1. ed. – Rio de Janeiro : Qualitymark Editora, 2015.
248 p. : il. ; 21 cm.

Inclui bibliografia
ISBN 978-85-414-0190-6

1. Administração de pessoal. 2. Gestão da qualidade total. 3. Organização. I. Título.

15-21511   CDD: 658.3
            CDU: 005.95/.9

2015
IMPRESSO NO BRASIL

Qualitymark Editora Ltda.
Rua Teixeira Júnior, 441 – São Cristóvão
20921-405 – Rio de Janeiro – RJ
Tel.: (21) 3295-9800

QualityPhone: 0800-0263311
www.qualitymark.com.br
E-mail: quality@qualitymark.com.br
Fax: (21) 3295-9824

*"A educação tem raízes amargas,
mas os seus frutos são doces."*

(Aristóteles)

*Dedico este livro a meu querido pai,
Miguel (in memoriam), de quem sinto
imensa falta. E também a minha
amada mãe, Adélia, com quem
aprendi sobre obstinação.*

Agradecimentos

Esta obra é fruto de três anos de dedicação a pesquisas sobre as implicações transversais do fenômeno do aumento da longevidade sobre um dos principais objetos de sentido da vida humana: o trabalho. Primeiro, preciso ressaltar que nada disso teria sido possível sem a renúncia e a generosidade de meus pais, que me proporcionaram um dos bens mais perenes da vida: a educação.

Em seguida, quero dizer que o percurso galgado entre os resultados publicados em minha dissertação de mestrado e a elaboração deste livro foi cuidadosamente enriquecido pela convivência e as conversas invariavelmente inspiradoras e divertidas com o amigo, mentor e exemplo de incansável dedicação, Alexandre Kalache, e as amigas e pesquisadoras Louise Plouffe, Ina Voelcker e Silvia Costa.

Agradeço carinhosamente aos meus orientadores de mestrado e doutorado, também parceiros de caminhada em outros projetos que têm a longevidade como eixo central, os professores Fabio Zamberlan, Carla Cipolla e Roberto Bartholo Jr., do Programa de Engenharia de Produção da COPPE/UFRJ. Meu muito obrigado também ao professor Paulo Josef Hirsch, orientador do meu primeiro trabalho no campo do envelhecimento populacional, ainda no curso de especialização em gestão do conhecimento da COPPE/UFRJ, por me encorajar a seguir a carreira acadêmica em uma época em que todas as minhas referências eram essencialmente corporativas. A combinação das vivências nesses dois mundos foram determinantes para a elaboração desta obra.

Agradecimentos especiais também à minha querida irmã, Andreia, pelas contribuições de ordem jurídica e, juntamente a Elisa e Silvia, pela gentileza de lerem capítulos do livro em diferentes momentos da sua elaboração; à Rosana Rosa, da Bradesco Seguros e ABRH-RJ, pelo entusiasmo e apoio para que este livro se tornasse realidade; e a meu editor pelo comprometimento com a disseminação do conhecimento acerca da temática do envelhecimento ativo.

Minha gratidão a cada um dos trabalhadores que participaram da pesquisa de campo, oferecendo generosamente seu tempo e suas histórias de vida e carreira em prol de mudanças que transformem positivamente a vida de outros trabalhadores brasileiros. Sem eles, esta obra não seria factível nem teria razão de ser. O agradecimento estende-se também às organizações que ilustram os casos e exemplos dos capítulos, pois sem elas a compreensão plena dos riscos e oportunidades do envelhecimento populacional no campo do trabalho e da vida do trabalhador e de seus familiares seria muito mais difícil. Agradeço ainda ao Conselho Nacional de Desenvolvimento Científico e Tecnológico (CNPq) pelos recursos públicos que viabilizaram parte da pesquisa que deu origem a este livro.

E como não poderia deixar de ser, agradeço a todos os seres especiais que me presenteiam diariamente com o perfume e o frescor da amizade. Amigos que não apenas compreendem minhas inquietações e ausências, como também contribuem com suas provocações, incentivos e, sobretudo sua cumplicidade.

Em seus papéis particulares, todos vocês foram e continuam sendo fundamentais nessa jornada que não é só minha nem somente das pessoas idosas, mas de toda a sociedade brasileira.

Prefácio

O envelhecimento da população é a grande conquista do século XX e um dos grandes desafios do século XXI. Envelhecer deixou de ser um feito excepcional de poucos para se tornar a norma. Basta lembrar que, de acordo com as Nações Unidas, a nível mundial a população com mais de 60 anos passará dos cerca de 800 milhões atuais para mais de dois bilhões em 2050. A ONU também nos lembra que a cada segundo duas pessoas em todo o mundo celebram o seu 60º aniversário, o que equivale a 58 milhões de pessoas tornando-se "idosas" a cada ano. Em tão somente cem anos, a população de pessoas com mais de 80 anos passará dos 14 milhões em 1950 para 396 milhões em 2050. Estamos vivendo um período sem precedentes na História: **a Revolução da Longevidade**.

Essa Revolução está sendo particularmente rápida no Brasil. A expectativa de vida de um brasileiro nascido, como eu, em 1945, era de apenas 43 anos – hoje ela ultrapassa 75 anos, a mesma da "Velha Europa" de há poucos anos. Comparado com os 24 milhões atuais, teremos 40 milhões a mais de idosos nos próximos 35 anos, chegando a 64 milhões – mais do que a população total cem anos antes. E como nossas taxas de fecundidade estão abaixo do nível de reposição há cerca de dez anos, a proporção de crianças e jovens está diminuindo, enquanto que a de idosos aumenta rapidamente.

Esta rapidez do nosso envelhecimento fica facilmente constatada quando comparamos a proporção de idosos no

Brasil e no Canadá hoje – em torno de 12 e 24 %, respectivamente. As projeções indicam que em torno de 2050 ambos países estarão com uma proporção muito similar, em torno de 30%. E óbvio que o desafio de adaptarmo-nos ao envelhecimento populacional é muito maior do que para um país como o Canadá, que já tem "a casa em ordem" em relação à educação, infraestrutura, meio ambiente, geração de trabalhos dignos... um país que já era rico, plenamente desenvolvido quando envelheceu. Para nós, esta tremenda conquista que o envelhecimento significa exige criatividade, sensibilidade e muito estudo – de forma que possamos desenvolver políticas sustentáveis e apropriadas ao nosso contexto. Exatamente o que a Márcia demonstrou fazer ao realizar a pesquisa por trás desta publicação. E ela a faz justamente em um setor particularmente crítico para o envelhecimento populacional – o do trabalho e economia.

Curiosamente o mundo do trabalho – e da economia – tem sido dos mais lentos em reconhecer as imensas transformações ocorridas no que concerne ao envelhecimento nas últimas décadas. Ainda está preso a modelos e intervenções apropriadas ao século XIX, como se continuassem apropriadas para o século XXI. Quando o Chanceler Bismarck estabeleceu o conceito de aposentadoria em 1881, a expectativa de vida de um alemão era de 46 anos. Hoje, 82. Pouquíssimos chegavam aos 60 anos, e quando chegavam já não tinham energia para enfrentar uma jornada extenuante de trabalho essencialmente físico. Tinham doenças para as quais a medicina não tinha nada a oferecer. Mais valia "aposentá-los" (literalmente, em Português, sumir com eles em um "aposento") do que mantê-los na força de trabalho quando já não eram produtivos. Economicamente... fazia sentido: não lhes pagar um salário integral e sim a baixa "aposentadoria". Além do mais, a idade fixada por ele era de 70 anos – poucos anos mais iriam viver os aposentados, de modo que o custo acumulado era muito baixo.

Desde então muitíssimo mudou. Em grande parte a natureza do trabalho mudou – não exigindo tanta demanda física como no longínquo século XIX. Os trabalhadores mais velhos tampouco são o que costumavam ser. E a sobrevida após a aposentadoria já não se mede em poucos anos e sim em décadas. No entanto, as políticas e práticas em matéria de trabalho e aposentadoria não se adaptaram às novas realidades. Estamos utilizando as mesmas ferramentas para o desenvolvimento de políticas que foram bem concebidas para a realidade do século XIX:

- Há menos pessoas mais jovens e mais pessoas mais velhas no mercado de trabalho;
- as pessoas mais velhas são mais saudáveis, com mais vitalidade do que nunca;
- O trabalho requer habilidades cognitivas e sociais mais do que força física;
- As pessoas vivem muito mais tempo além da idade de aposentadoria do que antes e a longa aposentadoria é uma carga de custos cada vez maior aos sistemas de previdência social;
- Muitas pessoas querem continuar a trabalhar, em seu trabalho atual ou em outras ocupações onde elas se sintam estimuladas, realizadas, úteis, conectadas a outras pessoas – o que pressupõe constante renovação de seus conhecimentos e aprendizagem ao longo da vida;
- Muitas não só querem como precisam (e estão aptas a) continuar trabalhando para assegurar uma renda adequada;
- Hoje dispomos de evidência científica mostrando que a participação continuada no mercado do trabalho contribui positivamente para a saúde cognitiva.

Os países desenvolvidos contemplam atualmente um período desafiador, de transição da cultura de trabalho e as expectativas em face das realidades acima apontadas. Os governos e várias agências internacionais passaram a adotar um discurso de envelhecimento "produtivo" ou "ativo". Pouco a pouco alguns empregadores estão implementando práticas para promover a aprendizagem ao longo da vida, a troca intergeracional de experiência e modelos de trabalho flexíveis. No entanto, há ainda grandes obstáculos à mudança, como a crença de que os trabalhadores mais velhos têm que aposentar-se para deixar mais empregos para as gerações mais jovens; a crença de que os trabalhadores mais velhos são menos produtivos, mais lentos e menos dispostos a aprender; a crença de que os trabalhadores mais velhos custam mais em salários e benefícios; e a crença de que os trabalhadores mais velhos querem se aposentar. Todas representam tabus ultrapassados, ainda que apoiadas por "convenções consensuais" coletivas que "protegem o direito a se aposentar". Não há dúvida, porém o direito ao trabalho não deve significar o dever de trabalhar. Para muitos, sobretudo os menos favorecidos que trabalharam décadas em ocupações extenuantes e repetitivas, que pouca satisfação lhes deram, o discurso do envelhecimento "produtivo" deve ser temperado pelo direito que eles têm ao descanso, a parar, a serem protegidos. Por isso eu prefiro me referir a "envelhecimento ativo" como proposto e amplamente discutido no documento da OMS: o "Marco Político do Envelhecimento Ativo".

A maioria das pesquisas na área de trabalho e aposentadoria têm sido feitas nos países desenvolvidos, que estão mais avançados na transição demográfica. Para dar uma dimensão da importância de mudanças estruturais para a economia, cito um estudo feito pela Deloitte na Austrália, em 2012. Este estudo mostra que um aumento de 3% na participação de trabalhadores acima de 55 anos resultaria em um incentivo para o PNB da Austrália de 33 bilhões de dólares; um aumento de 5% resultaria em um incentivo de 48 bilhões de dólares, aproximadamente 2.4% da riqueza nacional – um ganho equivalente às maiores reformas econômicas do país. No Reino Unido um estudo, também de 2012, assinala que houve, nos últimos vinte anos, um aumento de 85% no número de indivíduos que permanece na força de trabalho além da idade prescrita para a aposentadoria no setor público.

O livro *Trabalho e Longevidade* oferece uma importante contribuição para o corpo de pesquisa dessa área no Brasil, de diversas maneiras. A obra apresenta dados estatísticos, econômicos e trabalhistas recentes ora comparando Brasil e outros países, ora analisando o Brasil em relação às recomendações de políticas internacionais. Nesse sentido, Márcia usa e discute lucidamente teoria recente e pesquisa em demografia, macroeconomia, relações industriais, gerontologia, sociologia do trabalho, psicologia do trabalho e políticas trabalhistas.

Falta-me apenas falar da Márcia como profissional e como pessoa. Seu entusiasmo e competência me cativaram desde que a conheci há 6 anos. Sua percepção do futuro, seu olhar muito além do convencional, das "verdades rígidas", mostraram-me desde então que eu estava diante de uma pioneira, dessas profissionais que farão história. Márcia possui um charme cativante, uma atitude positiva, um otimismo contagiante. Tem sido para mim um privilégio observar de perto o crescimento de uma profissional que já é referência para quem quer que esteja interessado nos amplos aspectos da Gerontologia em nosso país. Obrigado, Marcinha – você tem sido um presente renovado que me faz acreditar que podemos, sim, envelhecer ativamente e tornar o Brasil um país mais justo, mais sustentável, mais solidário.

Alexandre Kalache
Copresidente da Aliança Global de Centros Internacionais de Longevidade e Presidente do Centro Internacional de Longevidade Brasil (ILC-BR), Membro do Conselho da Agenda Global sobre Envelhecimento do Fórum Econômico Mundial, Consultor Sênior para Envelhecimento Global da Academia de Medicina de Nova York e Embaixador Global da HelpAge International.

Sumário

Prefácio IX

Introdução XVII

Parte I – Trajetória para a Longevidade 1

Capítulo 1 – A Revolução Demográfica do Século XXI 3

Parte II – Desafios do Envelhecimento
no Campo do Trabalho 17

Capítulo 2 – O Trabalho e as Múltiplas Dimensões
do Envelhecimento da Sociedade Brasileira 19

Capítulo 3 – Riscos e Oportunidades
para a Economia 59

Capítulo 4 – A Gestão da Força de Trabalho
e das Políticas Públicas 79

Parte III – Retratos de um Brasil
que não é mais de Jovens 103

Capítulo 5 – A Ressignificação da Velhice 105

Capítulo 6 – O Envelhecimento da Força
de Trabalho: o Caso de Trabalhadores
de uma Mineradora 109

Capítulo 7 – O Cenário Brasileiro
à Luz dos Pilares do Envelhecimento Ativo 151

Parte IV – Em Busca de um Novo Olhar 159

Capítulo 8 – Quando os Trabalhadores
se Tornam Pais de seus Pais: Novos Desafios para
a Gestão de Pessoas 161

Capítulo 9 – Que Intervenções são Possíveis Já? 173

Referências 219

Introdução

Há mais ou menos dois séculos apenas os cientistas acreditavam que o ser humano poderia viver até os 110 anos de idade. Hoje, essa fronteira já foi transposta. Naquele tempo uma velhice longeva e suficientemente saudável para que os indivíduos trabalhassem até os 70, 80, 90 anos de idade era quase impensável. Hoje, não apenas testemunhamos o crescimento do número de indivíduos centenários ativos, como também nos encontramos nas páginas deste livro para compreender como fazer a gestão de uma força de trabalho envelhecida que está protagonizando sua presença continuada no mercado para além da aposentadoria.

É verdade que ainda temos muitas dúvidas sobre os efeitos do aumento da expectativa da vida humana: a crise no sistema de seguridade social é iminente porque não se sabe como torná-lo sustentável neste novo contexto; a lógica da correlação entre idade cronológica e produtividade ganhou novas nuances que transpõem a premissa da incapacidade laboral aos 60 anos de idade, mas não se sabe exatamente como a geração de *baby boomers*, conhecida por sua reputação revolucionária, vai lidar com o trabalho na velhice. Entre estas e outras numerosas questões, fica a que norteia esta obra: **como vamos administrar uma força de trabalho que envelhece e de que forma isso vai transformar a gestão de pessoas e a organização do trabalho nas organizações?**

Responder a essas e a outras inúmeras perguntas requer a compreensão de que a realidade forjada pela revolução da longevidade demanda novos olhares sobre a relação entre velhice e trabalho, pois é evidente que antigos modelos já não servem mais à nova realidade demográfica do século XXI. A insustentabilidade do sistema de previdência social, a cristalização dos sistemas de gestão da força de trabalho e a atual cultura do culto à juventude revelam um inoportuno anacronismo, que põe em risco a gestão eficaz do envelhecimento populacional. E isso já é um dos riscos que mais ameaça a economia global, juntamente com a escassez de água, a falta de alimentos e as desigualdades sociais, segundo relatório do Fórum Econômico Mundial.

Inspirado em minha pesquisa de mestrado, este livro contribui para uma discussão teórica e empírica sobre as relações entre Trabalho e um dos principais *game-changers* do século: o envelhecimento populacional. *Game-changers* são amplamente definidos como macrotendências que alteram as "regras do jogo" de uma sociedade, ou seja, mudam a forma como a sociedade é pensada e está organizada, seus modelos, valores, instituições e relações sociais atuais. Por esse motivo, o livro destina-se a executivos, gestores e outros profissionais de áreas estratégicas e operacionais de recursos humanos, planejamento, inovação, ergonomia, gestão pública e quaisquer outros interessados na gestão da própria carreira ou nas transformações que estão se desenrolando no mercado de trabalho, disparadas pelo fenômeno do aumento da longevidade. Além dos resultados da pesquisa, o livro traz materiais complementares e dois novos capítulos.

Na Parte I do livro, apresento uma visão sobre o novo regime demográfico, que é regido pelo envelhecimento populacional. O Capítulo 1 é marcado pela introdução de aspectos que desmistificam o processo de envelhecimento. Traz ainda um breve resgate histórico que inter-relaciona planejamento familiar, guerra e o fenômeno do aumento da longevidade; a importante contribuição da ciência e a participação da mulher nessa trajetória; e ainda, a dinâmica do envelhecimento da população brasileira comparada a outros países dos cinco continentes.

A Parte II divide-se em três capítulos e apresenta os principais desafios do envelhecimento populacional no campo do trabalho. No Capítulo 2, lanço mão de uma abordagem multidisciplinar que contempla macroeconomia, demografia, gestão organizacional e filosofia, além de um viés sociológico. Qual o sentido do trabalho para o trabalhador, especialmente, para o trabalhador idoso? Como a cultura influencia a percepção de produtividade? Como é envelhecer em uma sociedade que cultua a juventude? De que forma as desigualdades de gênero ameaçam as mulheres na velhice? Como é ser muito jovem para se aposentar e velho demais para se recolocar? E vivendo mais, teremos que trabalhar por quanto tempo?

No Capítulo 3, o foco de estudo desloca-se do âmbito do indivíduo para o da economia, demonstrando quão sérios e abrangentes são os desafios de um país que envelhece em massa e quão interdependentes eles são da economia global. Também apresento uma análise sobre o estágio do bônus demográfico brasileiro considerando três critérios de aproveitamento: o crescimento da população em idade ativa, a poupança e a educação. O Capítulo 4 é inteiramente dedicado ao entendimento dos desafios específicos da gestão da força de trabalho. O que acontecerá com a força de trabalho quando o perfil etário da população deixar de ser predominantemente jovem? E por que os desafios da gestão da força de trabalho já são críticos agora? Essas são duas das questões mais importantes para gestores de organizações de quaisquer setores. Este capítulo também mostra como o envelhecimento da força de trabalho influencia a gestão de políticas públicas, não apenas no campo do trabalho, emprego e renda, mas, também, da migração e da educação.

"Retratos de um Brasil que não é mais de jovens", Parte III deste livro, apresenta um Brasil que já percorreu a maior parte de seu bônus demográfico. Esta parte do livro se divide em três capítulos. O Capítulo 5 é uma reflexão sobre a ressignificação da velhice e o protagonismo de uma geração que marcou época e ajuda a reescrever a história também no campo do trabalho: os *baby boomers*. O Capítulo 6 apresenta os principais resultados do estudo que conduzi com trabalhadores de uma das maiores mineradoras do mundo. O caso traz à luz questões importantes como: (I) a invisibilidade da mão de obra envelhecida como alternativa à escassez de mão de obra qualificada; (II) registros da influência das desigualdades de gênero na velhice de homens e mulheres; (III) a concorrência entre gerações em tempos de aceleração do aprendizado dos mais jovens e da reinvenção profissional dos mais velhos; (IV) as expectativas dos trabalhadores aposentáveis em relação ao trabalho na velhice; (V) as oito motivações para a presença continuada dos trabalhadores aposentáveis no mercado; (VI) e o planejamento para a aposentadoria.

O Capítulo 7 apresenta uma interpretação dos resultados obtidos a partir do estudo do caso feito à luz dos pilares do envelhecimento ativo, estabelecidos pela Organização Mundial de Saúde (OMS), em 2002, e ampliados por Alexandre Kalache, em 2013: saúde, participação, segurança e educação continuada.

Na PARTE IV, última do livro, você irá se deparar com elementos da busca por um novo olhar, organizados em três capítulos. O Capítulo 8 traz à luz uma segunda dimensão do impacto do envelhecimento da população sobre a força de trabalho: a demanda por assistência aos pais dos empregados. O objetivo é alertar para a necessidade de criar mecanismos que ajudem o crescente número de empregados que precisará lidar diariamente com a condição de severo declínio da capacidade cognitiva e a progressiva dependência dos genitores que desenvolverem doenças crônicas não transmissíveis, como demência e câncer, por exemplo.

Tendo em mente tudo o que terá sido exposto ao longo dos capítulos deste livro, o Capítulo 9 discute a responsabilidade pelas mudanças necessárias na gestão da força de trabalho e na organização do trabalho e apresenta 20 intervenções que devem ser implementadas pelas organizações em resposta aos desafios impostos pelo novo regime demográfico. As recomendações estão divididas em quatro campos de ação que considero essenciais nesse processo: cultura, organização do trabalho, gestão de pessoas e gestão do conhecimento. Você encontrará ainda uma seleção de 13 casos de organizações que lançaram mão de práticas diferenciadas para gerenciar a força de trabalho reconfigurada pelo novo perfil etário da população.

Por fim, antes que você avance na leitura dessa coleção de dados, análises e recomendações, tenho uma sugestão a lhe fazer: busque um lugar tranquilo onde você possa "ouvir" suas inquietações. Tire os sapatos, livre-se da tensão corporal, procure oxigenar sua mente e resgatar a memória de um momento especial com uma pessoa idosa. Ative aquela parte do seu cérebro que anseia por mudanças, por inovações. Agora sim, tenha uma ótima leitura!

Parte I
Trajetória para a Longevidade

O tempo não é uma dimensão cronológica, medida em dias, meses e anos, mas sim um horizonte de possibilidades do ser. É essa atitude interna que determina em grande parte a qualidade de envelhecimento que uma pessoa tem. (J. Martins)

Capítulo 1

A Revolução Demográfica do Século XXI

O mundo está vivenciando um dos maiores triunfos da humanidade e também um dos grandes desafios do século XXI: o fenômeno do aumento da longevidade. Nos últimos anos, esse indicador tem se elevado a níveis inéditos para a espécie humana, chegando a alcançar médias de expectativa de vida de cerca de 85 anos de idade e a registrar casos mais frequentes de pessoas que chegam a viver 100 anos ou mais. Quanto maior a longevidade, maior a participação do contingente de indivíduos idosos em uma população local. E como a participação da população idosa na população total tem aumentado no mundo inteiro, o aumento da longevidade tornou-se um fenômeno de alcance global.

O aumento da expectativa de vida, a redução das taxas de mortalidade, o severo declínio das taxas de fecundidade, a expansão da urbanização e os movimentos migratórios culminaram em um novo regime demográfico. Marcado pela mudança do perfil etário da população global, o novo regime se configura na diminuição do número de jovens e no crescimento veloz do número de idosos, contemplados com uma vida mais longeva do que a de seus antepassados. No Brasil, o número de pessoas com 60 anos ou mais passou de 15,5 milhões, em 2001, para 23,5 milhões de pessoas, em 2011 e a participação relativa deste grupo na estrutura etária populacional aumentou de 9,0% para 12,1%, no mesmo período[1]. Em 2012, a esperança de vida ao nascer se elevou ao patamar de 71,0 anos para os homens e 78,3 anos para as mulheres, enquanto que a expectativa de vida dos brasileiros alcançou os 74,6 anos para ambos os sexos.

É bem verdade que em pleno século XXI, o homem, que desenvolveu métodos de cura para doenças potencialmente devastadoras e criou engenhosidades tecnológicas impressionantes, de fato, ainda não conseguiu decifrar e reverter com sucesso os efeitos do envelhecimento. O processo de envelhecimento e seus efeitos colaterais deteriorantes ainda são o curso orgânico fatídico para todos os indivíduos que não experimentam uma morte precoce. Contudo a conquista extraordinária em termos de longevidade e melhores condições de vida é inegável. Além de vivermos por mais tempo, os efeitos biológicos do envelhecimento foram – e continuarão sendo – progressivamente atenuados, ocorrendo cada vez mais tarde em relação à idade cronológica dos indivíduos.

1.1. Envelhecimento: a amplitude do conceito

Apesar de rondar o imaginário coletivo a ideia de que é um evento isolado, um mal que se instala apenas nos indivíduos que chegam aos 60 anos de idade, o envelhecimento é, na verdade, um processo lento e silencioso que nos acompanha durante toda a vida e se baseia no declínio progressivo da capacidade funcional. Para De Grey (2005), envelhecer "é um efeito colateral de se viver, ou seja, do

---

[1] Informações extraídas da Tábua Completa de Mortalidade para o Brasil de 2012. Disponível na URL www.ibge.gov.br/home/estatistica/populacao/tabuadevida/2012. Acessado em dezembro de 2013.

metabolismo". A Organização Mundial de Saúde define o envelhecimento como "um processo inexorável e irreversível em sua totalidade, um conjunto de fenômenos associados à passagem do tempo ou processo cronológico pelo qual um indivíduo se torna mais velho" (OMS, 2005). Para Kirkwood (1996 *apud* OMS, 2005), "o envelhecimento representa um conjunto de processos geneticamente determinados, e pode ser definido como uma deterioração funcional progressiva e generalizada, resultando em uma perda de resposta adaptativa às situações de estresse e em um aumento no risco de doenças relacionadas à velhice". A Figura 1 mostra como ela evolui durante o curso de vida:

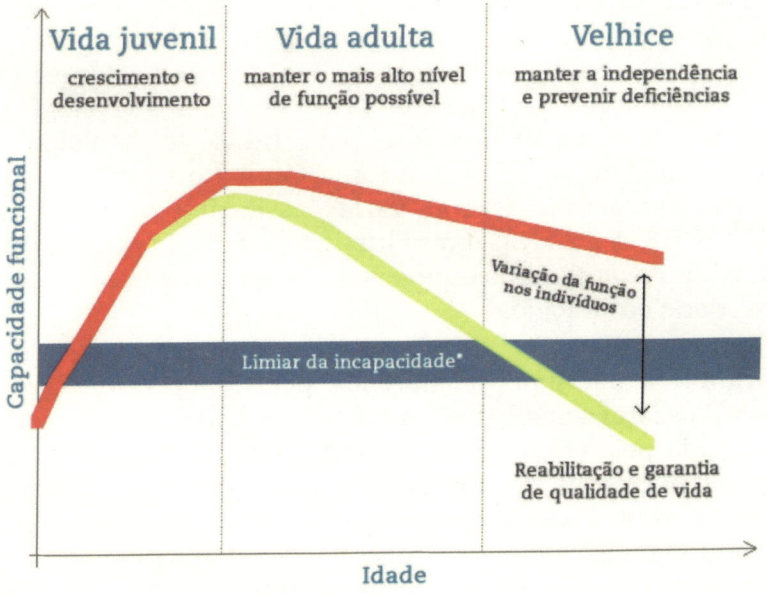

Figura 1: Evolução da Capacidade Funcional
Fonte: Kalache A., 2013

Como vimos na Figura 1, do ponto de vista biológico, a vida humana tem sido marcada por três grandes fases: a) a vida juvenil, que corresponde à fase de crescimento e desenvolvimento do ser humano; b) a vida adulta, dividida em adulta jovem e adulta, quando o ser humano alcança o auge de suas habilidades; e c) a maturidade, comumente reconhecida como velhice, fase em que o ser humano costuma experimentar limitações em sua capacidade funcional[2]. O processo de envelhecimento caminha exatamente em paralelo à passagem dessas fases e está diretamente relacionado à diminuição da reserva funcional e da resistência às agressões, sendo, consequentemente associado à probabilidade de contração de doenças, ou mesmo à morte do indivíduo.

A passagem da fase juvenil para a fase adulta é, na prática, marcada pelos primeiros sinais da maturidade reprodutiva, um evento facilmente reconhecido. Durante algum tempo, o indivíduo adulto goza de capacidade funcional plena. Mas é inevitável que ela decline com o avançar da idade e a velocidade em que isso acontece é determinada por uma série de fatores – sociais e biológicos –, podendo variar de indivíduo para indivíduo. Isto significa que indivíduos de uma mesma família ou comunidade podem apresentar severas variações da função cognitiva (KALACHE A., 2013), o que justifica o fato de que alguns indivíduos são mais saudáveis do que outros com a mesma idade cronológica.

Apesar disso, a fronteira entre a fase adulta e a maturidade é usualmente marcada pela idade cronológica. Nos países desenvolvidos, a transição entre essas fases é marcada pela chegada do indivíduo aos 65 anos de idade e, nos países em desenvolvimento, aos 60 anos. É isso o que diferencia socialmente os indivíduos adultos dos indivíduos mais velhos – os idosos – e dispara uma série de mudanças que decomponho nos capítulos deste livro.

---

[2] Esta divisão pode sofrer variações de acordo com a cultura e a disciplina de estudo, mas, de modo geral, é a representação básica do ciclo de vida do ser humano (KALACHE & KICKBUSCH, 1997).

1.2. Da guerra à geração de *baby boomers*

Do ponto de vista da história mais recente, o principal fator responsável pelo crescimento populacional registrado na segunda metade do século passado foi o chamado *Baby Boom*. A explosão de nascimentos de bebês foi um fenômeno ocorrido com o término da Segunda Guerra Mundial, um marco histórico que influenciou a atual revolução demográfica. Primeiro, registraram-se importantes mudanças nas taxas de mortalidade das populações devido ao grande número de militares enviados aos campos de batalha. As estatísticas históricas divergem quanto ao número de baixas durante o conflito, mas sabe-se que o número de civis e militares mortos ou desaparecidos alcançou a casa de dezenas de milhões no mundo inteiro. Isto elevou e manteve alta a frequência de óbitos da população durante os muitos anos de conflito.

Por outro lado, considerando que em termos econômicos era preciso garantir a existência de número suficiente de pessoas em idade ativa (PIA) – potenciais trabalhadores – para compensar as baixas causadas pelas mortes em combate, os governos passaram a estimular a natalidade com políticas de incentivo à reprodução. Assim a sociedade se organizou para elevar o número de filhos que uma mulher teria tido ao final do seu período fértil, de modo a possibilitar o crescimento populacional. Conforme os soldados retornavam para suas casas, as gestações que haviam sido postergadas durante os anos de duração dos conflitos começavam a ocorrer. Assim entre os anos de 1945 e 1964, o número de bebês nascidos cresceu expressivamente. Eram os chamados *baby boomers* – ou filhos da guerra.

Nos anos seguintes, períodos de estímulo à natalidade se alternaram com períodos de forte controle. Nos países industrializados o crescimento do padrão de vida da população, os avanços da medicina e da saúde pública e os cuidados especiais com os recém-nascidos possibilitaram uma forte redução da taxa bruta de mortalidade – e, em seguida, uma redução dos índices de fecundidade. Já nos países do então chamado Terceiro Mundo, a queda das taxas de mortalidade também ocorreu de forma muito rápida após o fim da Segunda Guerra Mundial, porém ela não foi acompanhada imediatamente pela redução dos altos níveis de fecundidade. Isso fez com que a taxa de crescimento da população desses países ainda se mantivesse em alta por algum tempo.

Não demorou muito para que esse fenômeno demográfico desse origem ao temor generalizado de uma grande explosão populacional, que ainda assombra as discussões atuais. Todavia é importante ressaltar que o crescimento acelerado do século XX estava muito mais relacionado ao aumento dos índices de expectativa de vida e à expressiva queda das taxas de mortalidade – resultado dos avanços da medicina na prevenção de doenças e epidemias e da melhoria do padrão de vida de parcela significativa da população mundial – do que relacionado às taxas de natalidade.

Da mesma forma, o século XXI deverá se tornar um marco na história da evolução demográfica graças à elevação da expectativa de vida a níveis inéditos somada ao declínio das taxas de fecundidade a níveis abaixo da taxa de reposição[3]. Isso significa que paralelamente ao aumento veloz na proporção de indivíduos idosos, está ocorren-

---

[3] O nível de reposição é o nível de fecundidade no qual uma coorte de mulheres tem o número de filhos suficientes para "repor" a si mesmas na população. Uma vez alcançado o nível de reposição, os nascimentos gradualmente atingem o equilíbrio com as mortes, e na ausência de imigração e emigração, uma população finalmente parará de crescer e se tornará estacionária.

do também o decréscimo no número de crianças e jovens. Como resultado, em poucos anos teremos uma população predominantemente envelhecida, uma tendência tanto nos países mais desenvolvidos quanto nos menos desenvolvidos. E a primeira geração a usufruir dos altos níveis de longevidade será justamente aquela que nasceu em meio ao conturbado pós-guerra: os *baby boomers*.

Como vemos, nem somente a guerra nem tampouco as políticas de controle de natalidade determinaram a dinâmica populacional. Os avanços da ciência e as transformações nos papéis sociais das mulheres na sociedade também contribuíram para a transição etária da população. Atualmente, a maioria dos países desenvolvidos apresenta taxas de fecundidade no nível de reposição ou abaixo dele. As taxas de fecundidade continuarão sofrendo forte redução, até mesmo nos continentes africano e asiático. Na América Latina e Caribe, a taxa de fecundidade, que era de 5,86 filhos por mulher no período de 1950 a 1955 e 2,30 filhos por mulher até 2010, chegará ao mais baixo índice, com 1,79 filhos por mulher, entre os anos de 2045 e 2050. As quedas nas taxas de fecundidade em todo o mundo vêm ocorrendo de forma tão abrupta que, estima-se, até 2025, 120 países terão alcançado índices de fecundidade totalmente abaixo do nível de reposição[4]. Entre eles, o Brasil.

1.3. Da revolução industrial à revolução da longevidade

O que estamos testemunhando hoje em termos de aumento da longevidade é fruto de importantes acontecimentos históricos: as guerras, os avanços da ciência no combate e prevenção de doenças e epidemias devastadoras, a industrialização, a revolução sexual. Esses fatores

---

4   Extraído do Glossário do PortalGeo do Armazém de Dados do Rio de Janeiro. Disponível na URL http://portalgeo.rio.rj.gov.br/mlateral/glossario/T_ Populacao.htm, acessado em junho de 2013.

influenciaram tanto o tamanho quanto a expectativa de vida de populações do mundo inteiro ao longo da história.

Até meados da década de 1940, a dinâmica populacional no Brasil foi marcada pela prevalência de taxas extremas de natalidade e mortalidade. Com os avanços nas políticas públicas de saúde e saneamento e, principalmente, com a importação de antibióticos no período do pós-guerra, as taxas de mortalidade iniciaram seu trajeto de declínio no país. Entre os anos de 1970 e 1980, a taxa de natalidade registrada demonstrou os efeitos da propagação do uso dos anticoncepcionais entre as mulheres e declinou a 2,48%. Foi naquela década que mortalidade e fecundidade começaram a apresentar simultaneamente um franco processo de declínio de seus níveis gerais (IBGE, 2006 e 2009).

Até 1960, a taxa de fecundidade estimada para o país era pouco mais de 6 filhos por mulher. Dez anos depois havia caído para 5,76 filhos por mulher, queda puxada principalmente pelas taxas da região Sudeste, onde as mulheres tinham maior acesso à educação, às tecnologias contraceptivas disponíveis e onde estavam instalados um parque industrial e uma rede de comércio e serviços que absorvia cada vez mais mão de obra feminina. Nesta região, especificamente, a redução do nível de fecundidade foi de quase 2 filhos por mulher entre os anos de 1960 e 1970, enquanto nas outras regiões a transição de altas para baixas taxas somente ocorreu na década de 70 (IBGE, 2006 e 2009).

Segundo dados do IBGE foi somente na década de 1980 que a taxa de crescimento, que era de 2,48% na década anterior, declinou significativamente, chegando a registrar o índice de 1,93% para o período 1980/1991, fazendo com que o tempo de duplicação do volume populacional passasse de 28,3 anos para 36,3 anos. Esse declínio se deu principalmente devido aos baixos níveis de natalidade causados pela propagação da esterilização feminina nas áreas urbanas e, no caso da população rural, também devido ao êxodo rural.

A combinação da redução dos níveis da fecundidade e da mortalidade no Brasil resultou nas alterações da composição etária da população, percebidas sobretudo a partir de meados da década de 1980. Até aquela data, os censos verificavam que os 36 indicadores sociodemográficos que permitem estabelecer as estruturas etárias passadas da população, projetavam o Brasil como um país predominantemente jovem. Mas o Censo de 1991 comprovou o início do processo de transformação do perfil demográfico de sua população (IBGE, 2006 e 2009).

No período de 1991 a 2000, a taxa média de crescimento anual continuou em declínio e a população total cresceu a uma taxa de 1,64% ao ano. A intensa mecanização na agricultura nas zonas rurais brasileiras, ocorrida desde os últimos anos da década de 1980, foi um dos motivos que concorreram para que o ritmo de redução da população se acentuasse. O crescimento nas regiões rurais chegou a registrar índices negativos nesse período. As taxas de fecundidade continuaram em declínio ao longo daqueles anos, em consequência das transformações ocorridas na sociedade brasileira, de modo geral, e na própria família de maneira mais particular. O número médio de filhos por mulher que já era de 2,89 em 1991, caiu para 2,39 no ano de 2000, confirmando o que as PNADs de 1996, 1997 e 1998 já haviam sinalizado: a fecundidade feminina no Brasil estaria abaixo do nível de reposição das gerações (1,99, 1,95 e 1,86 filho por mulher, respectivamente).

O censo demográfico realizado no ano 2000 mostrou que definitivamente, em razão do continuado processo de transição para baixos níveis de mortalidade e de fecundidade, a população do Brasil caminhava a passos largos rumo a um padrão demográfico com predominância de população adulta e idosa (IBGE, 2006 e 2009). A década seguinte apenas confirmou a dinâmica que se iniciou em

1960, com a população brasileira passando a crescer a um ritmo menos acentuado, 1,17% ao ano, aumentando o tempo estimado que o volume populacional precisaria para se duplicar para 59,6 anos e contribuindo para a reconfiguração etária da população brasileira, que está envelhecendo velozmente.

A vida média do brasileiro, que em 1940 sequer atingia os 50 anos de idade, rompeu a fronteira dos 70 anos por volta do ano 2000 – quando se observou uma esperança de vida ao nascer de 70,4 anos – e recentemente ultrapassou os 74 anos de idade. De acordo com as projeções, o Brasil continuará galgando anos na vida média de sua população, alcançando o patamar de 81,29 anos, em 2050 (IBGE, 2009 e 2011).

A velocidade na qual os países estão envelhecendo é medida por um índice de envelhecimento. O índice de envelhecimento é o resultado da razão entre a população de 65 anos ou mais e a população de 0 a 14 anos de idade. Mede o número de pessoas idosas em uma população, para cada grupo de 100 pessoas jovens. A Figura 2 mostra uma comparação do índice de envelhecimento populacional de alguns países dos cinco continentes:

Capítulo 1 – A Revolução Demográfica do Século XXI • 13

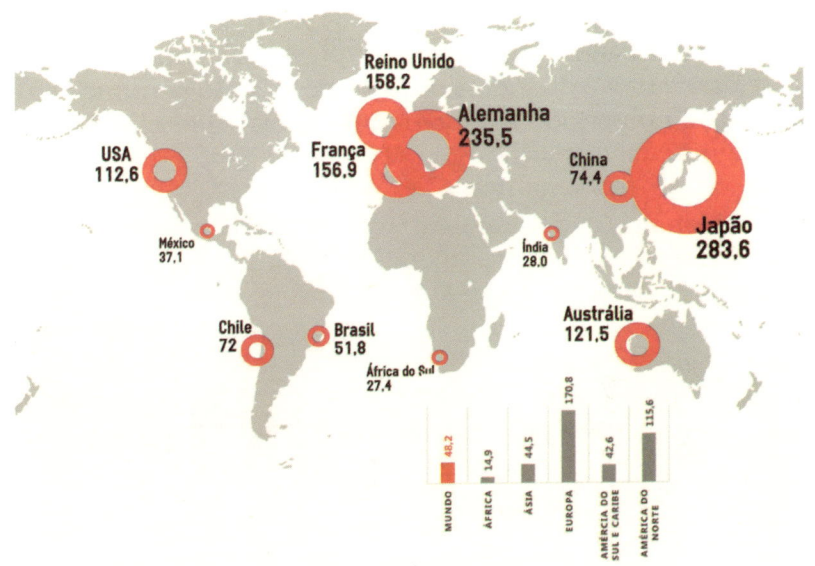

Figura 2: Índice de envelhecimento, segundo grandes áreas e países selecionados – 2011

Fonte: UN, 2011; IBGE, 2011

Na Figura 2 podemos perceber que o índice de envelhecimento de alguns países chega a ser aproximadamente cinco ou seis vezes maior do que o índice mundial que é de 48,2. É o caso da Alemanha, que mede 235,5, e do Japão, com 283,6, ambos os países com os mais altos índices de envelhecimento populacional no mundo. Nas Américas, Chile e Estados Unidos lideram o ranking com 72 e 112,6, respectivamente. No Brasil, o índice de envelhecimento é de 51,8, menor do que o de outros países das Américas, mas ainda assim considerado alto. A população brasileira está envelhecendo em ritmo acelerado (United Nations, 2011).

O indicador do processo de envelhecimento da população brasileira, medido pelo IBGE, verifica a relação entre adultos de 60 anos ou mais e crianças de até 15 anos. O resultado mostra que o índice de envelhecimento no Brasil cresceu de 31,7, em 2001, para 51,8 em 2011, ultrapassando o indicador mundial que é de 48,2. Vejamos no Gráfico 1 a evolução do índice de envelhecimento populacional do Brasil no período compreendido entre 1980 e 2050:

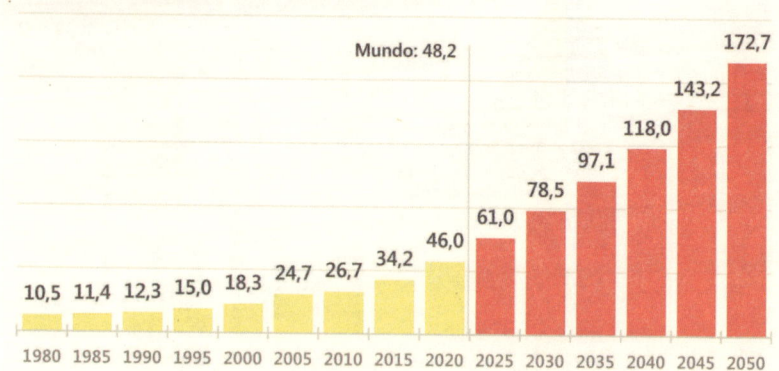

Gráfico 1: BRASIL – Evolução do índice de envelhecimento da população
Fonte: IBGE, 2008.

A combinação da acentuada redução dos níveis de fecundidade e de mortalidade gerou transformações no perfil etário da população brasileira, principalmente em meados dos anos 80. País tipicamente jovem até então, ele está entre os que mais envelhecem no mundo. De acordo com o IBGE (2009), a região que mais contribui para a elevação deste indicador é a região metropolitana do Rio de Janeiro, que registrou índice de envelhecimento igual a 80,2 (Instituto Brasileiro de Geografia e Estatística, 2009). Assim o formato tipicamente triangular da pirâmide populacional brasileira, com base alargada composta por crianças e jovens, está cedendo lugar a um formato característico de uma sociedade em acelerado processo de envelhecimento. A Figura 3 mostra a evolução da pirâmide etária da população brasileira de 1950 a 2100:

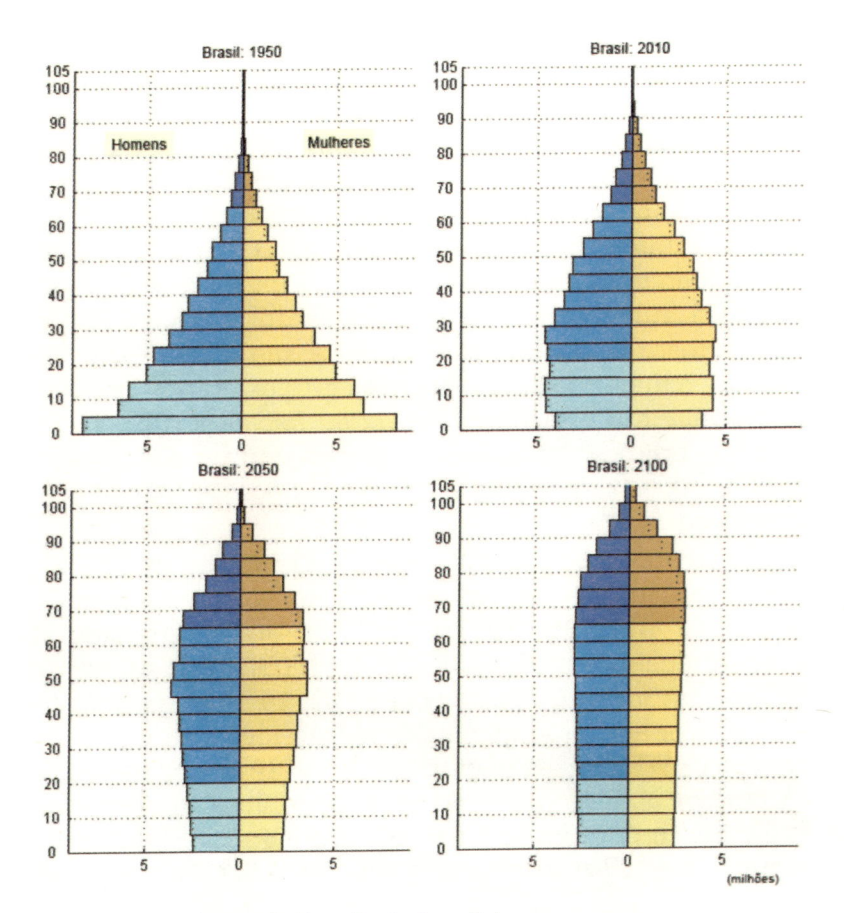

Capítulo 1 – A Revolução Demográfica do Século XXI • 15

Figura 3: População brasileira por grupos etários e sexo (números absolutos)

Nota: A linha pontilhada sobre uma área colorida indica o excesso de população do sexo feminino ou masculino em determinada faixa etária. Os grupos etários são apresentados em percentuais do total da população em 1950, 2010, 2050 e 2100, respectivamente.
Fonte: UN, 2011.

De fato, de acordo com dados dos dois últimos censos realizados pelo IBGE, já é possível notar mudanças significativas na base e nas faixas centrais da pirâmide etária. Enquanto em 2009 o contingente de crianças de 0 a 14 anos de idade correspondia a 26,04% da população total, o de adultos com 65 anos ou mais representava 6,67%, segundo o IBGE (2009).

O grupo formado por octogenários, nonagenários e centenários está vivendo mais. A participação relativa de indivíduos com 80 anos ou mais na estrutura etária populacional já alcançava 1,7% da população, em 2011[5]. Esta é uma tendência mundial e significa que a expectativa de vida está aumentando tanto para os adultos que se tornarão idosos quanto para os que já são idosos hoje. No entanto, o maior destaque entre os grupos etários em franco crescimento é mesmo o de *baby boomers* (UN, 2011). Aquelas crianças nascidas nos pós-guerra constituem, hoje, a primeira geração a atingir índices de longevidade tão elevados.

De acordo com a OMS (2005), até o ano de 2025 o Brasil será o 5º país em número de idosos no mundo, com um contingente de 33,4 milhões de adultos com 60 anos ou mais. A projeção do IBGE (2009) é que no ano de 2050 o contingente de crianças de 0 a 14 anos representará 13,15%, ao passo que a população idosa deverá ultrapassar os 22,71% da população total. Uma vez mantidas as tendências dos parâmetros demográficos implícitas na projeção da população do Brasil, o país percorrerá velozmente uma trajetória rumo a um perfil demográfico cada vez mais envelhecido. Mas será que estamos prontos para lidar com o impacto do envelhecimento em massa da população?

---

[5] Dados consolidados do Censo Demográfico 2010 em resultados por amostra. Disponível na URL http://www.ibge.gov.br/home/estatistica/populacao/censo2010/default_resultados_amostra.shtm, acessado em junho de 2013.

Parte II
Desafios do Envelhecimento no Campo do Trabalho

Há culturas que privilegiam os jovens em detrimento dos idosos, há outras que fazem o contrário e finalmente, há culturas que não sabem tratar bem nem dos jovens nem dos idosos. Esse parece ser o caso do Brasil, que mudou seu perfil etário sem se dar conta disso e manteve uma cultura onde não existe espaço para os jovens e onde se marginaliza de forma cruel os idosos (Herbert de Souza).

Capítulo 2

O Trabalho e as Múltiplas Dimensões do Envelhecimento da Sociedade Brasileira

O trabalho sempre foi tema de grande relevância na construção da história da humanidade. Etimologicamente, o termo trabalho remonta ao substantivo em latim *tripalium*, que significava "instrumento feito de três paus aguçados, com ponta de ferro, com o qual os antigos agricultores batiam os cereais para processá-los". E também remete ao verbo *tripaliare*, que significa "torturar sobre o *tripalium*". Daí a histórica associação do trabalho à "experiência dolorosa, padecimento, cativeiro ou castigo" (BUENO, 1988, *apud* OLIVEIRA & SILVEIRA, 2012).

Com o tempo, o trabalho passou a ser associado a dois termos gregos distintos mais sutis: *ponos*, que faz referência a esforço e à penalidade, e *ergon*, que designa criação, obra de arte. Para Oliveira & Silveira (2012), "isso estabelece a diferença entre trabalhar no sentido de penar, *ponein*, e trabalhar no sentido de criar, *ergazomai*. Essa contradição é mantida na concepção contemporânea de trabalho, em alguns contextos de uso, e manifesta nas formas como o trabalho pode ser adjetivado: trabalho braçal, trabalho intelectual, trabalho escravo, trabalho artesanal, trabalho de parto, trabalho remunerado".

Mas a verdade é que para falar de trabalho é preciso ir além da etimologia. O marxista Engels (1876) definiu o trabalho como "a condição básica e fundamental de toda a vida humana. E em tal grau que, até certo ponto, pode-se afirmar que o trabalho criou o próprio homem". Pode-se dizer também que a "concepção de trabalho enquanto princípio educativo edifica-se a partir do conceito de atividade técnico-prática e tem como horizonte o surgimento, a formação e o desenvolvimento da consciência humana". E a consciência é a característica fundamental que distingue os homens dos outros animais e se manifesta em forma de percepções, pensamento, linguagem, sentimentos, necessidades (FRANCO, 1989).

Freud afirma que "os marcos de uma vida psicologicamente saudável são a capacidade de amar e de trabalhar" e que para muitos de nós, "quem nós somos no mundo do trabalho é uma característica central do nosso autoconhecimento" (Montenegro et al. 2002; Schlossberg, 2004 apud Raskin & Gettas, 2007).

De fato, nossas experiências também nos mostram que o trabalho é um elemento essencial na vida do indivíduo e na vida em sociedade. Pode-se dizer ainda que a influência do trabalho permeia todas as fases da vida humana, da infância à velhice, o que significa que a vida de um indivíduo é influenciada pelo trabalho desde antes mesmo de sua entrada no mercado até depois de sua saída. Nos dias atuais, cada vez mais, as agendas das crianças se parecem com agendas de executivos mirins, super ocupadas com atividades de aprendizado.

Enquanto a primeira fase da vida é marcada pela dedicação ao aprendizado, na fase adulta predomina o trabalho – que se estende por mais ou menos cinquenta anos da vida de um indivíduo – e a velhice tem sido marcada pela aposentadoria. De acordo com essa divisão funcional tradicional do curso de vida, as escolhas que os indivíduos fazem ainda na fase juvenil da vida começam a ser colocadas em xeque quando ele entra no mercado de trabalho. Ao longo desta fase, o trabalho adquire importância singular, o indivíduo passa a ser reconhecido como um adulto, a ser valorizado pelo seu trabalho e desvalorizado pela perda desse trabalho.

Neste sentido, não é apenas o aumento da longevidade que impacta o mundo do trabalho. Reciprocamente, o trabalho também influencia a forma como os indivíduos envelhecem. No que tange especificamente ao tema de interesse desta obra, podemos dizer que o trabalho é um campo estruturante e de incontestável relevância nas discussões sobre o fenômeno do aumento da longevidade. Em minha pesquisa pude constatar que o trabalho era de tal forma importante na vida dos trabalhadores aposentáveis da coorte de *baby boomers*[6], que não apenas ajudou a definir como eles vivem – e viveram – as fases do seu curso de vida, mas, também, como pensam, agem e sentem, como transmitem seu conhecimento para outras gerações e, principalmente, como percebem o seu lugar na sociedade e a realidade da finitude de suas próprias vidas.

Veremos detalhes no Capítulo 6, mas posso adiantar que quando perguntados sobre qual era o papel do trabalho em suas histórias de vida, muitos trabalhadores responderam que o trabalho era o próprio sentido de suas vidas. É caso do Sr. Sandro, que acumulou 38 anos de trabalho e continua ativo no mercado:

> "O Trabalho é tudo. É a energia que me mantém vivo" (Sr. Sandro, 55, Analista Operacional Sênior – ES).

Em vez de usufruir de tudo o que o tempo livre do trabalho poderia proporcionar após a aposentadoria, ao con-

---

[6] Dividir os trabalhadores por coorte de nascimento – X, Y, *boomers* – ajuda a entender como as influências de cada época moldaram seus pensamentos e atitudes em relação ao trabalho. Mas não significa que invariavelmente os indivíduos de uma mesma coorte terão as mesmas características e atitudes.

trário, o homem incorporou o trabalho à sua vida de forma tal que acredita ser ele sua própria – e talvez única – fonte de energia para viver.

Conhecer essas múltiplas nuances confere uma outra dimensão às discussões sobre trabalho e envelhecimento, que extrapola os limites da previdência social e da economia, e humaniza os aspectos mais comumente discutidos no âmbito das organizações. Uma dimensão que aprofunda a compreensão de questões e conflitos de ordem cultural ou social, imprescindíveis aos gestores da força de trabalho das organizações. É o que veremos nas próximas seções deste capítulo.

2.1. O trabalho no embate contra a finitude

Se parar, enferruja. Frequentemente proferida por pessoas idosas, essa expressão popular refere-se ao risco que o sedentarismo físico e intelectual oferece às engrenagens da máquina humana. Analogamente, se uma engrenagem que enferruja provoca o mau funcionamento ou até a quebra de uma máquina, o ser humano que não permanece ativo, adoece e morre. E pensar em morte, especialmente sobre a nossa própria, não é algo que normalmente sentimos gosto em fazer. Na maior parte do tempo, inclusive, utilizamo-nos de subterfúgios culturais – de ordem tecnológica, social ou econômica – que nos ajudam a ocultar as evidências daquilo que é o único fato sobre o qual temos certeza em nossas vidas: a morte e a mortalidade dos humanos. É o que chamamos de negação da morte, algo muito comum principalmente entre nós, ocidentais, que percebemos a morte como perda, tragédia, desperdício, calamidade que afeta a cada um dos seres humanos, com todas as nossas emoções, histórias, experiências, com todo o conhecimento acumulado de uma vida que se finda (ISMAEL, 2006).

Capítulo 2 – Diferentes Dimensões do Envelhecimento... • 23

Essa pode ser uma apreciação degradada da finitude da vida, mas segundo ISMAEL (2006), a sensação de proximidade ou o reconhecimento da própria mortalidade conduz o indivíduo a uma revisitação de suas memórias e lhe confere a sensação de ter perdido tempo precioso de vida com coisas pouco significativas. Isto não é algo inusitado, é um sentimento familiar e recorrente em pessoas que desenvolveram doenças graves, em indivíduos em seus leitos de morte, em indivíduos que passam algum tempo reclusos por motivo de doença antes de sua morte e em pessoas que perdem entes com quem desenvolveram afinidades. Tal sensação de finitude da vida atrai pra ela – e seus pequenos momentos – um valor que não existia antes, quando se supunha haver estoque infinito de vida, o que geralmente acontece com os mais jovens. A vida então parece tão sublime que o desejo é de não morrer.

Apoiando-se em uma perspectiva filosófica, Sartre (1956 *apud* LEHRER, 2006) explica que nós somos uma percepção de nosso passado e uma projeção do nosso futuro embora nenhum dos dois existam no momento presente. Sendo assim, pensar-nos mortos é pensar em como nós não somos. Mas embora o sujeito morto seja um sujeito que não existe, isso não faz da morte algo inconcebível. A morte não é ininteligível ainda que uma concepção clara sobre ela possa ser rara. Por outro lado, intelectualmente, a não existência de um indivíduo é algo essencialmente difícil de encarar. Mas do que realmente temos medo ao temer a morte? Por que ficamos apavorados ao pensar que tudo o que somos em nossa essência deixará de existir definitivamente?

Segundo ISMAEL (2006), com a morte de um indivíduo as experiências vividas por ele – como vividas por ele – deixam de existir com toda a sua ressonância qualitativa e emocional, pois elas até podem ser registradas ou lembradas por outros indivíduos, mas através de um ponto de vista externo, e sofrem suas influências, como não poderia deixar de ser, uma vez que não foram registradas nem estão sendo lembradas pelo ator original. Logo, jamais será possível alcançar o ápice da riqueza emocional do indivíduo que as viveu. Isto significa que seu passado, seus sonhos, seus desejos, seus projetos, suas intenções, seus medos, seus relacionamentos não apenas não serão preservados como também não serão continuados.

E não é apenas isso. Tão importante quanto a preservação é a continuação desses desejos, intenções, projetos, promessas feitas, coisas que serão deixadas por fazer, de tudo que foi moldado durante o curso de uma vida, das pessoas amadas – que serão amadas por outros, sim, mas nunca da mesma forma que o indivíduo que morre amou, porque esse amor é inseparável dos laços de família, da história das experiências compartilhadas. Para Ismael, "é isso que nos dá uma ideia sobre o que faz a vida singular de um indivíduo ser unicamente valiosa" e certamente insubstituível. A autora defende que "nós não apenas vivemos nossas vidas, nós somos nossas vidas". E não toleramos a ideia de deixar de sê-las.

Porém, como a imortalidade ainda é uma meta inatingível, os indivíduos precisam criar subterfúgios para ocultar a realidade da finitude da vida. Uma maneira de conduzir o pensamento sobre a questão é ponderar que se vamos morrer, a existência precisa fazer sentido. Por isso, estamos sempre cheios de trabalho, tarefas, planos, decisões a tomar, caminhos a escolher. E entre a gama de subterfúgios criados para atingir tal objetivo, o trabalho recebe destaque. O trabalho é capaz de corroborar para dar sentido à vida de um indivíduo frente à iminente realidade de sua morte. Tratando em linguagem corriqueira, o trabalho é percebido como muito mais do que a ocupação ou a fonte de renda da vida de um indivíduo.

Do ponto de vista das pessoas idosas, quanto mais avançada for a idade cronológica do indivíduo, mais o futuro deixará de representar planos e projetos que aguardam o dia de se tornarem realidade e passará a representar a proximidade de sua morte e, com ela, a finitude que não se tolera. Daí a ânsia por uma vida que não se finda, a incessante busca pela fórmula antimorte, por subterfúgios como o trabalho. Ocupados com o trabalho, os trabalhadores idosos desviam da predominância do assunto morte em suas vidas, ao mesmo tempo que desfrutam da oportunidade de viabilizar um envelhecimento ativo[7]. Daí a associação do trabalho à vitalidade, ou energia para viver.

2.2. O estigma da velhice e o culto à juventude

Tratada a partir da segunda metade do século XIX como uma etapa da vida tipicamente caracterizada pela decadência física e a ausência de papéis sociais, a velhice foi constituída sobre os pilares da incapacidade adquirida pelo indivíduo com o avanço da idade cronológica. Esta visão foi responsável por uma grande coleção de percepções negativas associadas à velhice que resistiram aos tempos. Não é à toa que, até hoje, a velhice ainda é vista com maus olhos pela maioria das sociedades contemporâneas, principalmente as ocidentais. Uma rápida busca em um dicionário analógico lançado no ano de 1950, porém atualizado e ampliado em 2010, sugere que apesar de termos conquistado uma velhice com melhores condições de vida, a terminologia utilizada para fazer referência a esta fase do curso de vida ainda é essencialmente pejorativa. A velhice ainda é tida como sinônimo de caducidade, decrepitude, último quartel da vida, última estação, idade avançada em que o sangue congela nas veias, declínio da existência; ser velho é ser uma ruína do que foi, murchar-se a beleza, estar mais pra lá do que pra cá, estar com um pé na cova, estar na prorrogação, estar no

---

[7] O termo "envelhecimento ativo" foi definido pela Organização Mundial de Saúde (OMS) como "o processo de otimização das oportunidades de saúde, participação e segurança, de forma a promover qualidade de vida à medida que se envelhece" (OMS, 2002).

seu quarto minguante, perto do seu ocaso, já estar chegando ao fim (AZEVEDO, 2010).

Seria essa uma visão especialmente pessimista ou preconceituosa acerca do envelhecimento? Para tentar responder a esta pergunta precisamos considerar dois pontos. O primeiro é que, como vimos, os efeitos do envelhecimento podem variar de indivíduo para indivíduo em uma mesma família ou comunidade e, consequentemente, as percepções sobre a velhice também, podendo ser boas para determinado grupo e ruins para outros. O segundo ponto é que para falar sobre velhice é preciso abordar aspectos que extrapolam as questões biológicas, invadindo o campo social.

Guita Debert, pesquisadora, professora e autora do clássico "A Reinvenção da Velhice", afirma que a velhice não é uma categoria natural, mas uma categoria socialmente produzida e que além das implicações relacionadas à diminuição progressiva da eficiência de funções orgânicas (aspecto biológico), outras variáveis, como a criação de um novo papel na sociedade para o indivíduo longevo (aspecto sociocultural) e a mudança psíquica percebida pela sociedade e pelo próprio indivíduo (aspecto psicológico) vieram com esta categoria inventada (DEBERT, 2007). A pesquisadora acredita ainda que a velhice é uma invenção social que só conseguiu alcançar altos níveis de visibilidade através dos tempos graças ao crescimento quantitativo do contingente de indivíduos longevos no mundo inteiro. E com a visão de que a vida humana era impactada de forma

Capítulo 2 – Diferentes Dimensões do Envelhecimento... • 27

sistêmica[8] pelo envelhecimento da população, o caráter da velhice, que no passado era absolutamente privado, familiar e de responsabilidade individual foi reconfigurado. A velhice então adquiriu caráter social e passou a ser observada sob a ótica da coletividade.

Junto com a socialização, vieram também as tentativas de homogeneização das representações da velhice, o que resultou na criação de uma nova categoria cultural: "os idosos, como um conjunto autônomo e coerente que impõe outro recorte à geografia social, autorizando a colocação em prática de modos específicos de gestão" (DEBERT, 2004). Se de um lado, o velho era sinônimo de "antigo, ancião, vetusto, senil, caduco, decrépito, morredouro, macróbio, carifranzido, caquético, reumático, decadente, aposentado" (AZEVEDO, 2010), de outro, o idoso seria o indivíduo longevo que ainda gozava de condições físicas e mentais minimamente superiores.

Neste movimento que marcou as sociedades modernas na segunda metade do século XIX, uma nova classificação foi atribuída ao indivíduo de 60 anos ou mais, e ele, que outrora fora chamado ancião ou velho, passou a chamar-se idoso. O aspecto positivo da manobra foi que junto com o novo verbete veio, também, a legitimação de direitos sociais dos indivíduos idosos, como a universalização da aposentadoria e a legislação para a proteção do idoso, por exemplo. Direitos conquistados há dezenas de anos que foram conservados até os dias atuais.

---

[8] A Organização Mundial de Saúde reconheceu a importância de variáveis que devem ser observadas em quaisquer ações de políticas públicas elaboradas para garantir os direitos dos idosos, como as de natureza: a) individual: biologia e genética, adaptabilidade etc; b) social: educação, direitos humanos, violência etc; c) do ambiente físico: moradia, prevenção de acidentes domésticos etc; d) econômico: seguridade social, trabalho, emprego, renda etc; e) comportamental: atividade física, alimentação, consumo de álcool etc; e f) de saúde e serviço social: prevenção de doenças, promoção da saúde etc (OMS, 2005).

O outro aspecto, este não tão positivo, foi que os efeitos deteriorantes do envelhecimento permaneceram os mesmos – embora atenuados ou postergados ao longo do curso de vida –, uma vez que um século de pesquisas não foi suficiente para apresentar transformações clínicas efetivas em relação ao envelhecimento. Assim, como explica DEBERT (2007), junto com esta nova categoria cultural – os idosos – vieram também imagens negativas sobre a velhice. O termo idoso passou a não significar muito mais do que um indivíduo que "tem habilidades regenerativas limitadas, mudanças físicas e emocionais que expõem a perigo a qualidade de vida [..], podendo levar à síndrome da fragilidade. [...] O indivíduo que tende a ter rugas, algumas manchas na pele, mudança da cor do cabelo para cinza ou branco ou, em alguns casos, alopécia, diminuição da capacidade visual e auditiva, diminuição dos reflexos, perda de habilidades e funções neurológicas diminuídas, como raciocínio e memória, e pode desenvolver doenças como a incontinência urinária e o Mal de Alzheimer".[9]

Velhos ou idosos? Hoje, mal se sabe a diferença entre os dois termos, cabendo interpretações subjetivas acerca do sentido de cada um. Teria então a nova classificação dada ao sujeito com 60 anos ou mais – idoso – sido uma tentativa mal sucedida de libertar o indivíduo longevo dos estigmas sociais atrelados à decadência da velhice?

Na opinião de RODRIGUES & SOARES (2006), "a construção do significado da velhice é permeada por crenças, mitos, preconceitos, estereótipos que nesta sociedade expressam-se por meio de representações depreciativas do fenômeno do envelhecimento e do sujeito que envelhece, definindo o seu lugar social". Essas classificações dos sujeitos são entendidas pelos autores como uma "operação que consiste em hierarquizar as coisas do mundo sensível em grupos e gêneros cuja delimitação apresenta um

---

[9] Descrição extraída da Wikipedia, disponível na URL http://pt.wikipedia.org/wiki/Idoso, consultada em 25 de maio de 2013.

caráter arbitrário" e que se "personifica na tentativa de dominação de determinado grupo sobre outro, sendo arbitrária porque não se fundamenta em nenhum princípio universal, físico, biológico ou espiritual". Para os autores, o grupo que pretende a dominação tenta universalizar sua visão de mundo, pois ao definir uma identidade estabelece também a distribuição das posições e papéis sociais, exprimindo e impondo crenças comuns sobre o outro grupo, que geralmente é – ou passa a ser – mais vulnerável e marginalizado.

De acordo com essa lógica, o imaginário social sobre o idoso teria sido construído por um grupo de não idosos que, no intuito de estabelecer-se numa posição mais elevada de uma hierarquia social, difundiu sobre si mesmo uma autoimagem enaltecedora enquanto simultaneamente atuava em atribuir valores pejorativos à imagem dos idosos. E isso não quer dizer que tais termos não correspondiam à verdade na vida cotidiana do indivíduo longevo, sobretudo porque não existe uma verdade única sobre a velhice, mas sim, múltiplas verdades. O problema é que tais termos e os atributos a eles associados foram responsáveis pela construção de uma identidade estigmatizada sobre os indivíduos longevos, o que, na prática, nunca favoreceu as pessoas idosas.

Para Baczko, "o imaginário social informa acerca da realidade, ao mesmo tempo que constitui um apelo à ação, um apelo a comportar-se de determinada maneira" e não apenas suscita a adesão a um sistema de valores como atua em sua interiorização pelos indivíduos, incitando a uma ação comum. "O controle do imaginário social, da sua reprodução, difusão e manejo, assegura em graus variáveis uma real influência sobre os comportamentos e as atividades individuais e coletivas, permitindo obter os resultados práticos desejados, canalizar as energias e orientar as esperanças. [...] Para garantir a dominação simbólica, é de importância capital o controle desses meios, que correspondem a outros tantos instrumentos de persuasão, pressão e inculcação de valores e crenças" (BACZKO, 1985:312-313 *apud* RODRIGUES & SOARES, 2006:11).

Em se tratando das representações sociais da velhice, a consequência disto foi que a maioria das sociedades instituiu a juventude como um estilo de vida compulsório, um padrão a ser invariavelmente sustentado pelos indivíduos, independentemente dos efeitos naturais causados pela passagem do tempo, atribuindo a cada um a responsabilidade e o ônus por manter-se jovem ao longo de toda a vida.

No esforço para identificar um aspecto positivo desse movimento, podemos citar a potencial melhoria dos níveis de bem-estar e qualidade de vida dos indivíduos, uma vez que eles se tornem mais atentos à própria saúde e às possibilidades de prolongamento da vida por meio de cuidados preventivos. E isto decerto é legítimo, porque permite que os indivíduos – pelo menos, aqueles que têm acesso – usufruam das descobertas da ciência disponibilizadas em forma de produtos ou serviços para consumo, no sentido *stricto*. Porém, a partir do momento em que os objetivos capitalistas da cultura do consumo desenfreado se sobrepõem ao objetivo primeiro de melhorar o estado de saúde e de bem-estar, os indivíduos são aprisionados na armadilha da moral estética que busca apagar os rastros do envelhecimento.

Velho jovem pode, velho velho não. Como mostra Featherstone, "uma concepção autopreservacionista do corpo encoraja os indivíduos a adotarem estratégias instrumentais para combater a deterioração e a decadência – aplaudida pela burocracia estatal, que procura reduzir os custos com a saúde educando o público para evitar a negligência corporal – e agrega a essa concepção a noção de que o corpo é um veículo do prazer e da autoexpressão" (FEATHERSTONE, 1992, *apud* DEBERT, 2007).

Neste sentido, DEBERT (2007) acrescenta que "disciplina e hedonismo se combinam na medida em que as qualidades do corpo são tidas como plásticas e os indivíduos são convencidos a assumir a responsabilidade pela sua própria aparência. [...] As rugas ou flacidez se transformam em indícios de lassitude moral e devem ser tratadas com a ajuda dos cosméticos, da ginástica, das vitaminas, da indústria do lazer. Os indivíduos não são apenas monitorados para exercer uma vigilância constante do corpo, mas são também responsabilizados pela sua própria saúde, através da ideia de doenças autoinflingidas, resultados de abusos corporais, como a bebida, o fumo, a falta de exercícios" (DEBERT, 2007).

A ideologia da juventude como estilo de vida induz ao pensamento de que, "para ser valorizado, o velho tem que negar a velhice e identificar-se com o jovem de alguma forma". O paradoxo é que, mesmo que o indivíduo longevo, aderente às ações incitadas pelas representações sociais, esforce-se para conquistar tal equidade simbólica – considerando a hipótese de que ele atinja tal nível – o corpo envelhecido – em seus rostos marcados e seus corpos flácidos, às vezes, gordos e enfraquecidos – repele os jovens. De acordo com Barreto, "o imaginário social é colocado através da mídia, comparando o idoso ao jovem, negando o envelhecimento e buscando a fórmula da eterna juventude, utilizando o velho para atingir outro tipo de público, muitas vezes descaracterizando-o e apresentando-o com deboche. Um dos aspectos agravantes dessa situação é que esta caricatura debochada retira dos idosos a sobriedade e desperta contra eles o desprezo e a repulsa" (BARRETO, 1992 *apud* RODRIGUES & SOARES, 2006).

Expandir nossa compreensão sobre o assunto pode nos supreender em relação ao grau de introjeção desta cultura em nossas vidas. Mas a preocupação com o corpo, a beleza e a preservação da juventude não é um fenômeno recente. A diferença, hoje são as tecnologias que se apresentam tanto na forma de mídias capazes de comunicar e estabelecer padrões para grandes massas de indivíduos quanto na forma de alternativas para tratamento e prevenção do desgaste do corpo causado pelo processo de envelhecimento. Para a antropóloga GOLDENBERG (2007), "contra a velhice o homem sempre lutou, e o elixir da imortalidade é uma fantasia que hoje, mais do que nunca, é vendida em terapias genéticas, tratamentos dermatológicos, cirurgias plásticas, reposições hormonais, vitaminas" (GOLDENBERG, 2007).

Se por um lado, conquistamos uma liberdade corporal sem precedentes, por outro, paradoxalmente, nos permitimos aprisionar à conformidade, a determinado padrão estético e a uma glorificação exibicionista do corpo. Nos dias atuais, nem sempre a exibição de um corpo nu é vista como tão indecente quanto a exibição de um corpo em desconformidade com os padrões estéticos, como um corpo gordo, por exemplo. Para DEBERT (2007), a indução ao pensamento de que boa aparência física é sinônimo de bem-estar, de que aqueles que aderirem aos métodos para a conservação de seus corpos, seja por meio de dietas variadas, por exercícios físicos diversos e outros cuidados quaisquer viverão por mais tempo, "demanda de cada indivíduo uma boa quantidade de 'hedonismo calculado', encorajando à autovigilância da saúde corporal e da boa aparência.

De um lado, é por meio da prática e da ideologia da sociedade em relação ao indivíduo idoso que ele é condicionado a conformar-se com a imagem que a sociedade construiu para ele. De outro, é a simbologia dessas representações sociais que determina como a própria sociedade irá encarar o processo de envelhecimento e o valor que irá atribuir ao indivíduo idoso, inclusive dentro do próprio núcleo familiar. Nesse processo, a juventude perde conexão com um grupo etário específico e deixa de representar uma fase da vida para se transformar em um valor que deve ser conquistado por indivíduos de todas as idades, por meio da adoção de estilos de vida e formas de consumo condizentes. Debert (2007) afirma que a juventude "não é mais uma etapa da vida, um momento de passagem em um contínuo que caracteriza o desenvolvimento biológico universal, como os cientistas sociais sempre enfatizaram [...] mas uma proposta de práticas, crenças e atitudes a indicar que a eterna juventude é um bem que pode ser por todos conquistado" (DEBERT, 2007). Na realidade, mergulhando em uma incessante busca pela juventude perene – algo que, de alguma forma, sabe ser inútil, pois não poderá evitar a finitude da vida e suas implicações, como vimos – o indivíduo idoso fica à margem da moral estética, tornando-se mais vulnerável, o que torna ainda mais difícil sua autoaceitação como sujeito envelhecido e a adesão ao processo natural de envelhecimento humano. Em um contexto em que o espaço social, o tempo e o curso de vida, o corpo e a saúde ganham novas configurações, a verdade é que estamos diante de um grande dilema que nos impõe duas situações com as quais temos sérias dificuldades para lidar: uma é a realidade angustiante e fatídica da morte, a outra, os efeitos cruéis do envelhecimento e os conflitos causados pelas representações sociais sobre a velhice.

2.3. A cultura e a percepção de produtividade na velhice

Como vimos no Capítulo 1, o envelhecimento não acontece repentinamente, não dormimos jovens e acordamos velhos. Ao contrário, esse processo nos acompanha ao longo de toda a vida. No entanto, a chegada à velhice é socialmente marcada pela idade cronológica dos indivíduos, definida em 60 ou 65 anos, de acordo com o país. Apesar de ser contraditório, estabelecer idades para definir as fases do curso de vida, na prática, serve ao propósito de separar os indivíduos para que eles cumpram suas respectivas funções sociais.

Vejamos: assim como as várias capacidades físicas necessárias para o desempenho de determinadas atividades estão relacionadas a diferentes estágios de desenvolvimento biológico, pressupõe-se o aspecto cumulativo dos vários conhecimentos necessários ao preenchimento dos papéis sociais, cuja aquisição consome tempo e implica uma progressão etária" (DEBERT, 2004). Assim, ao mesmo tempo que as grades de idades – consideradas construções sociais e não um dado da natureza ou um princípio constitutivo de grupos sociais – contribuem para qualificar um trabalhador idoso a desempenhar atividades profissionais que exijam experiência acumulada, ela o desqualifica quando são requeridas capacidades físicas consideradas incompatíveis com o indivíduo que alcançou a velhice.

Embora não seja um fator explicativo dos comportamentos humanos, as grades etárias – juntamente com as representações sociais sobre a velhice transmitidas por gerações – cuidam de assegurar a premissa da improdutividade do trabalhador que chega aos 60, 65 anos de idade, de forma que para a empresa empregadora é mais vantajoso substituí-lo por um trabalhador mais jovem. E essa não é exatamente uma invenção contemporânea[10]. Na Alemanha industrializada de 1880, o chanceler Otto Von Bismark instituiu a seguridade social exatamente por observar uma brusca queda de produtividade entre os trabalhadores mais velhos. Passou-se então a oferecer um benefício para os trabalhadores que chegassem aos 70 anos de idade e se retirassem do mercado de trabalho deixando suas vagas disponíveis para os mais jovens, que estariam no auge de sua produtividade e em busca de emprego.

De fato, essa percepção não era incorreta, pois estava alinhada ao quadro de declínio cognitivo experimentado

---

[10] No Brasil, o Decreto nº 9.912-A, de 26 de março de 1888, regulou o direito à aposentadoria dos empregados dos Correios, fixando em 30 anos de efetivo serviço e idade mínima de 60 anos os requisitos para a aposentadoria. Posteriormente, o benefício se estendeu a outros trabalhadores. As regras gerais que regem as condições de elegibilidade à aposentadoria foram estabelecidas pela Constituição Federal de 1988. De lá para cá, ocorreram inúmeras alterações na legislação previdenciária.

pelos trabalhadores da época. Mas os tempos são outros. Cada vez mais os indivíduos que alcançam a faixa dos 60 anos de idade se distanciam do estereótipo do idoso frágil e doente. Por isso, agora a dúvida é: será que a produtividade de todos os trabalhadores idosos realmente se reduz tão drasticamente em qualquer tipo de atividade ou a substituição desses trabalhadores por outros mais jovens é meramente resultado da ação cultural das representações da velhice? De fato, o declínio da capacidade funcional pode se manifestar pela ocorrência de doenças crônicas, mais comumente experimentadas pelo indivíduo com o avançar da idade cronológica, resultando em perda da capacidade laboral. Porém, por sua heterogeneidade, que muito resulta dos eventos, oportunidades e decisões ocorridas ao longo da vida de cada indivíduo, a realidade é que, nos dias atuais, não se pode precisar ao certo a idade em que a incapacidade laboral de um indivíduo será determinante para declinar sua produtividade no trabalho. Isso porque essa incapacidade pode ser causada tanto por doenças crônicas advindas da idade quanto por acidentes e até mesmo por condições de trabalho inadequadas, entre outros eventos, podendo atingir os trabalhadores de quaisquer idades.

Muitas vezes, esse tipo de episódio pode ocorrer bem antes da idade legal para a aposentadoria, podendo resultar em uma saída precoce do trabalhador do mercado de trabalho e, por consequência, da atividade econômica. E também pode acontecer muito depois da atual idade na qual pressupõe-se que o trabalhador terá perdido sua capacidade laboral. Pode, inclusive, não ocorrer. São cada vez mais comuns os casos de indivíduos octogenários, nonagenários e até centenários que continuam trabalhando e que conseguem manter bons níveis de produtividade.

Se as construções sociais são obsoletas e contraditórias, as pesquisas científicas deveriam ter investigado como efetivamente o processo de envelhecimento age sobre a produtividade, traduzindo-se ou não em um quadro de perda da capacidade laboral. Mas o impacto do envelhecimento sobre a produtividade em nível macro ainda não é claro.

Em 1953, Lehman realizou o primeiro estudo abordando a relação entre idade e produtividade. O estudo revelou uma curva de idade criativa na qual a produtividade aumentava em ocupações criativas como ciências, artes e atletismo na faixa dos 20 anos de idade cronológica de um indivíduo, atingia seu ápice entre 30 e 45 anos, a partir de quando iniciava uma dinâmica de declínio. Outros estudos apoiaram a tese de Lehman ao longo das décadas e acrescentaram que o efeito do envelhecimento na produtividade dependia da ocupação (SKIRBEKK, 2003 *apud* IPEA, 2012). Em ocupações que eram mais dependentes de habilidades cognitivas, tais como ocupações científicas, os mais jovens tinham mais vantagem. Já em ocupações gerenciais, trabalhadores mais velhos tendiam a render pelo menos tanto quanto os mais jovens, uma vez que a experiência seria o fator mais importante para o desempenho daquele trabalho.

Com base em 91 estudos, VERHAEGEN & SALTHOUSE (1997 *apud* IPEA, 2012) concluíram que "as habilidades cognitivas (raciocínio, velocidade e memória episódica) decaíam significativamente antes dos 50 anos de idade e mais ainda após esta idade". Habilidades que diziam respeito a *performance* e à velocidade em resolver tarefas relacionadas a novos materiais e incluíam velocidade de percepção e raciocínio registraram forte declínio em idades mais avançadas. Mas outros tipos de habilidade não declinariam com a idade. Segundo os pesquisadores, as habilidades cristalizadas, como significado verbal e fluência de palavras, poderiam até mesmo melhorar com o conhecimento acumulado e permanecer em alto nível funcional até idades mais avançadas.

Conclui-se então que além das diferenças relacionadas ao curso de vida de cada indivíduo, a relação entre idade e produtividade poderá também apresentar diferenças significativas dependendo das atividades a serem realizadas. Além disso, o ambiente também pode influenciar o resultado desse tipo de observação. Estudos empíricos apoiam as teses de que os trabalhadores mais velhos sofrem desvantagens quando comparados aos mais jovens, pelo menos, no desempenho de atividades que exigem habilidades cognitivas e esforço físico, e que são menos produtivos em ambientes inovadores, pois têm mais dificuldades em fazer ajustes nesse tipo de ambiente. Mas, por outro lado, os trabalhadores mais velhos levam vantagem em atividades que exigem habilidades verbais, capacidade de se comunicar ou experiência gerencial (DAVERI; MALIRANTA, 2007 *apud* IPEA, 2012).

Já a literatura sobre o efeito da demografia na produtividade em níveis agregados divide-se em duas vertentes: as que usam dados das empresas e as que usam dados macroeconômicos. Na visão das empresas, sua produtividade declina com o aumento da proporção dos trabalhadores mais velhos, enquanto a segunda vertente, que analisa o efeito baseado na teoria do crescimento e usa dados *cross-country*, costuma encontrar resultados controversos. Feyrer (2007 *apud* IPEA, 2012) afirma que a fatia da força de trabalho composta por trabalhadores com idades acima dos 50 anos é negativamente correlacionada com produtividade e crescimento. Usando dados canadenses, TANG e MACLEOD (2006 *apud* IPEA, 2012) também mostram que a parcela dos trabalhadores mais velhos é negativamente correlacionada com produtividade e crescimento. Entretanto, usando a mesma metodologia, LINDH e MALMBERG (1999 *apud* IPEA, 2012) encontraram evidências de que uma parcela maior da população entre 50 e 64 anos estava relacionada a um maior crescimento.

O que se deve ter em mente durante a leitura deste livro e sobretudo na prática cotidiana, deriva de pesquisa recente realizada pelo IPEA (2012) e foi destacada aqui: "Mesmo se acreditarmos que a produtividade individual cai com a idade, não é certo que ela cairá em termos agregados. [...] Uma coisa é observar problemas de produtividade para trabalhadores que estão envelhecendo, mas isto não é suficiente para provar que mudanças plausíveis na proporção dos trabalhadores mais velhos vão transformar este problema individual em um problema macroeconômico significativo. [...] Há um limite para o efeito total da demografia na produtividade em níveis agregados, que não seria de todo desprezível no curto prazo, mas dado que estas mudanças devem ocorrer em um período de tempo muito longo, elas serão facilmente esmagadas por outras fontes potenciais de crescimento da produtividade".

Ainda que a literatura registre efeitos negativos entre envelhecimento e produtividade, cabe ressaltar que a demanda relativa por tarefas envolvendo certas habilidades cognitivas pode se deslocar de diferentes maneiras ao longo do tempo, de acordo com a necessidade do mercado. Logo, se a demanda por habilidades interativas, que são relativamente estáveis ao longo do ciclo da vida, se eleva mais do que a demanda por aptidão matemática, a qual diminui substancialmente com a idade, o valor da experiência do trabalhador se eleva e o impacto do envelhecimento na produtividade pode ser menor ou mesmo revertido.

Essa visão, que mistura informações imprecisas e possibilidades para que a suposta queda de produtividade dos trabalhadores mais velhos não cause problemas para a produção de bens e serviços, não é difundida o bastante e o que se pensa sobre esses trabalhadores é sumariamente construído pelas representações sociais da velhice, culturalmente transmitidas de geração à geração. E a ciência pouco sabe sobre a produtividade e as expectativas dos trabalhadores com 60 anos de idade ou mais que permanecem ativos no mercado de trabalho nos dias e nas condições atuais, o que já é motivo mais do que suficiente para questionar e romper de vez com a anacrônica prática de expurgar trabalhadores mais velhos do mercado formal.

2.5. A qualidade de vida e o bem-estar das pessoas idosas

O Global AgeWatch Index é o único índice global que estabelece um *ranking* de países de acordo com o nível de bem-estar social e econômico das pessoas idosas. O índice foi criado pela HelpAge International, uma ONG que ajuda pessoas idosas a reclamarem seus direitos, a enfrentar a discriminação e superar a pobreza, de forma que elas tenham condições de ter uma vida digna, segura, ativa e saudável na velhice.

Em 2014, o índice avaliou 96 países. Juntos, eles representam cerca de 790 milhões de pessoas com idades a partir de 60 anos, o que corresponde a 91% da população global de pessoas idosas ou ainda, 9 em cada 10 pessoas idosas no mundo inteiro. O índice contribui para a identificação de políticas que melhorem a vida das pessoas idosas em diferentes regiões do mundo, medindo a qualidade de vida e bem-estar a partir de quatro domínios: segurança financeira, saúde, capacitação e ambiente habilitador.

Em relação aos líderes do ranking, a Noruega conquistou o 1º lugar, ultrapassando a Suécia, que caiu para a 2ª colocação. Exceto pelo Japão (9º), os dez melhores países para se viver na velhice estão concentrados no Europa Ocidental, América do Norte e Australásia. Já os piores do ranking pertencem à África, sendo o Afeganistão o pior deles com a 96ª colocação. Os resultados de 2014 mostraram principalmente que a pobreza ainda é um risco crítico para a velhice. Enquanto alguns países fizeram progressos substanciais no sentido de garantir proteção financeira às pessoas idosas, metade da população mundial ainda corre o risco de viver a velhice sem qualquer tipo de aposentadoria ou pensão. E as políticas sociais e econômicas ainda não dão conta de responder aos desafios da nova dinâmica demográfica.

O índice mostra que existem, sim, políticas para suportar os indivíduos na velhice – como aposentadorias, oportunidades em educação e emprego, saúde pública e transporte gratuito -, mas elas precisam ser implementadas mais rápida e sistematicamente para que as pessoas idosas tenham uma vida digna e financeiramente independente na velhice (HelpAge International, 2014).

Como pode notar qualquer cidadão minimamente atento, no Brasil os indicadores de qualidade de vida e o bem-estar dos idosos não são animadores. Segundo o Global AgeWatch Index, em 2014, o país ocupava o 58º lugar no ranking dos 96 países avaliados. Considerando apenas os países da América Latina, o Brasil aparece abaixo de Chile (22º), Uruguai (23º), México (30º), Argentina (31º), Peru (42º), Bolívia (51º) e Colômbia (52º). Se ampliarmos a área de alcance e considerarmos ainda a região que abrange América Latina e Caribe, no *ranking* geral, o Brasil está atrás também de países como Panamá (24º), Costa Rica (26º), Equador (33º), Nicarágua (54º) e El Salvador (57º). Um fato no mínimo curioso – e por que não dizer preocupante? – uma vez que o Brasil tem índice de envelhecimento maior do que alguns desses países.

Vamos comparar Brasil e México, por exemplo. A economia brasileira cresceu mais do que a mexicana no último ano. Entretanto, o México está quase vinte posições à frente do Brasil no *ranking* geral do índice. Hoje, tanto em termos absolutos quanto relativos, a população idosa já é maior no Brasil do que no México e manterá esta tendência, segundo as projeções para 2050. O que sugere que estamos caminhando a passos mais lentos no que tange ao desenvolvimento da capacidade de resposta às demandas do envelhecimento populacional. A Figura 4 compara o desempenho de países do BRICS e MINT:

Capítulo 2 – Diferentes Dimensões do Envelhecimento... • 41

População 60+ em 2050 (em milhões)

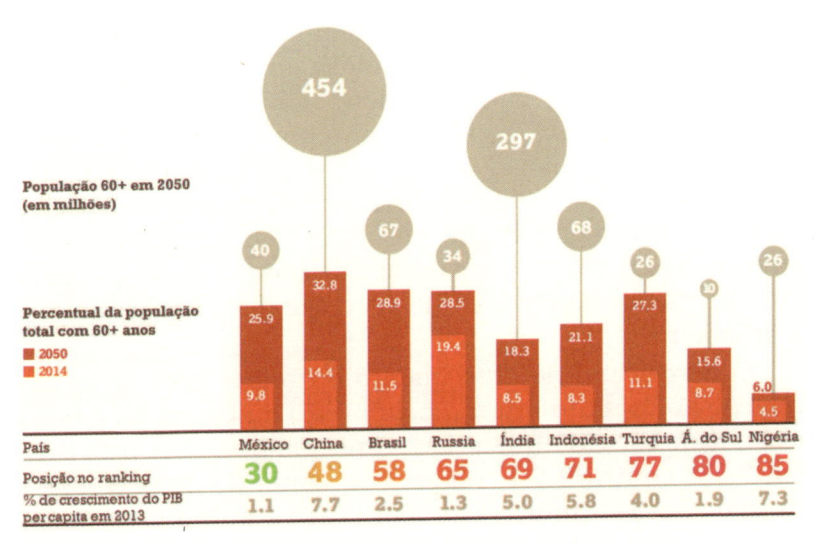

Percentual da população total com 60+ anos
- 2050
- 2014

País	México	China	Brasil	Russia	Índia	Indonésia	Turquia	Á. do Sul	Nigéria
População 60+ em 2050 (milhões)	40	454	67	34	297	68	26	10	26
% 60+ em 2050	25.9	32.8	28.9	28.5	19.4	18.3	27.3	21.1	15.6
% 60+ em 2014	9.8	14.4	11.5		8.5	8.3	11.1	8.7	6.0 / 4.5
Posição no ranking	30	48	58	65	69	71	77	80	85
% de crescimento do PIB per capita em 2013	1.1	7.7	2.5	1.3	5.0	5.8	4.0	1.9	7.3

Figura 4: Ranking das economias pertencentes ao BRICS e MINT, Produto Interno Bruto (PIB) e proporção da população com 60 anos ou mais

Fonte: HelpAge International, 2014

Em relação aos países que compõem o BRICS, o Brasil fica atrás da China (48º) e à frente dos outros três, Rússia (65º), Índia (69º) e África do Sul (80º). A Figura 4 mostra que os indicadores da China são mais elevados em todos os sentidos. Hoje, a população idosa representa o aparentemente inofensivo percentual de 14,4% de sua população total. Mas até o ano de 2050, o país precisará estar preparado para responder às demandas de um contingente de 454 milhões de idosos, o que representará quase 33% de sua população total. Ocupando o 48º lugar no ranking, a China dispõe de menos de 40 anos para implementar políticas eficientes para garantir melhores condições de vida à essa fatia da população.

Em relação à China, o Brasil parece ter alguma vantagem dentro do mesmo período de tempo, porque o contingente da população idosa previsto para 2050 é bem menor, devendo chegar aos 67 milhões, quase sete vezes menor do que o da China. Porém, um olhar mais atento mostra que a proporção da população idosa em relação à população total de ambos os países será semelhante. Enquanto a China terá 32,8% de idosos na população total, a participação da população com 60 anos de idade ou mais no Brasil será de 28,9%. Uma diferença de menos de 3% que sugere que Brasil e China não estão em situação tão diferente, a não ser, é claro, pela posição no *ranking* e pelo fato de que a economia chinesa cresce mais rápido do que a brasileira.

O percentual de crescimento da renda per capita em relação ao produto interno bruto (PIB) da China foi o mais elevado do BRICS e quase três vezes maior do que o do Brasil, 7,7% contra 2,5%, respectivamente, de 2013 a 2014. Apesar disso, o índice também mostra que o crescimento econômico isoladamente não será capaz de melhorar o bem-estar das pessoas idosas. Por isso, é importante, sim, que a economia cresça, mas políticas públicas específicas precisam ser implementadas para responder às implicações específicas do envelhecimento populacional.

Analisando individualmente os quatros domínios que constituem o índice, verificamos que o Brasil apresentou uma brusca queda no ranking de ambientes habilitadores, declinando da 47ª obtida em 2013 para a 87ª posição em 2014, uma tendência seguida pelos países da América Latina. Em contrapartida, conseguiu manter uma colocação quase animadora no que diz respeito à segurança financeira, ocupando a 14ª posição neste quesito embora ainda perdendo para o Uruguai (10ª). Tal conquista deve-se principalmente à proteção social prestada à pessoa idosa por meio da aposentadoria – com especial destaque para a aposentadoria de trabalhadores rurais – e do Benefício de Prestação Continuada (BPC) – que garante a transferência mensal de um salário mínimo para pessoas com deficiência e pessoas idosas com baixa renda familiar.

Se por um lado, este pode ser um bom motivo para comemorações, pois a aposentadoria representa uma forte contribuição para a redução das desigualdades e um crescimento do suporte financeiro às pessoas idosas no Brasil, por outro, devemos nos lembrar que justamente este que é nosso melhor indicador no *ranking*, está apoiado sobre uma de nossas maiores fraquezas: o nosso sistema de previdência social, que hoje é um dos mais generosos do mundo, porém ainda nem um pouco sustentável.

2.6. A feminização da velhice e as desigualdades de gênero

Apesar de nascerem mais crianças do sexo masculino do que do feminino, devido aos diferenciais de mortalidade e expectativa de vida existentes entre os sexos, o contingente de mulheres ultrapassa o de homens em grupos etários mais velhos e este desequilíbrio aumenta com a idade. Quanto maior a faixa etária, maior a participação da população de mulheres em relação a de homens na população total. Globalmente, as mulheres chegam a viver 4,5 anos a mais do que os homens, o que faz com que entre a população com 60 anos de idade ou mais, haja cerca de 123 mulheres idosas para cada 100 homens idosos.

A diferença é ainda maior quando consideramos apenas a fatia da população com 80 anos de idade ou mais, faixa etária em que há 189 mulheres para cada 100 homens. Segundo a Organização Mundial de Saúde (WHO, 2007), em números absolutos, a fatia da população idosa de mulheres aumentará de cerca de 336 milhões, registrada no ano de 2000, para cerca de 1 bilhão, em 2050. E em pouco mais de cem anos, a diferença entre os sexos alcançará o patamar de 385 mulheres idosas para cada 100 homens idosos.

No Brasil a razão entre os sexos não é diferente, 55,7% da população idosa, que era de 23,5 milhões de pessoas, em 2011, já são compostos por mulheres. Além de serem maioria entre a população total, elas vivem mais do que os homens. Em 2012, a esperança de vida ao nascer se elevou ao patamar de 71,0 anos para os homens e 78,3 anos para as mulheres enquanto que a expectativa de vida dos brasileiros alcançou os 74,6 anos para ambos os sexos. De acordo com o Censo Demográfico de 2010, o número de homens para cada 100 mulheres era de 94,3, sendo que as faixas etárias mais baixas – 0 a 19 anos – registraram 103,8 homens para cada 100 mulheres enquanto a faixa de indivíduos com 60 anos ou mais registrou 79,5 homens para cada 100 mulheres.

Estima-se que, no ano de 2030, ocorra um aumento na taxa bruta de mortalidade, que deverá saltar dos atuais 6,24% para 7,51%. Contrariando a dinâmica de queda registrada para esta componente demográfica nas últimas décadas, a variação para mais atingirá diretamente a expectativa de vida da população residente em grandes metrópoles e o segmento populacional composto por jovens e adultos jovens do sexo masculino será o mais afetado pelas elevadas taxas de mortalidade devido à maior incidência de doenças cardiovasculares e exposição à violência neste grupo (IBGE, 2006 e 2011). Isto deverá corroborar ainda mais para a feminização da velhice no Brasil.

Além do aumento da expectativa de vida das mulheres, nas últimas décadas, o aumento da participação feminina na força de trabalho foi uma conquista notável e importante para a economia. A elevação das taxas de participação de mulheres na força de trabalho não ocorreu apenas no Brasil. Na maior parte dos países desenvolvidos e também em países da América Latina, as diferenças da participação entre homens e mulheres estão se reduzindo expressivamente. O Gráfico 2 mostra a evolução da taxa de participação feminina nos EUA, Brasil, parte da Europa, México, Japão, Itália e Austrália:

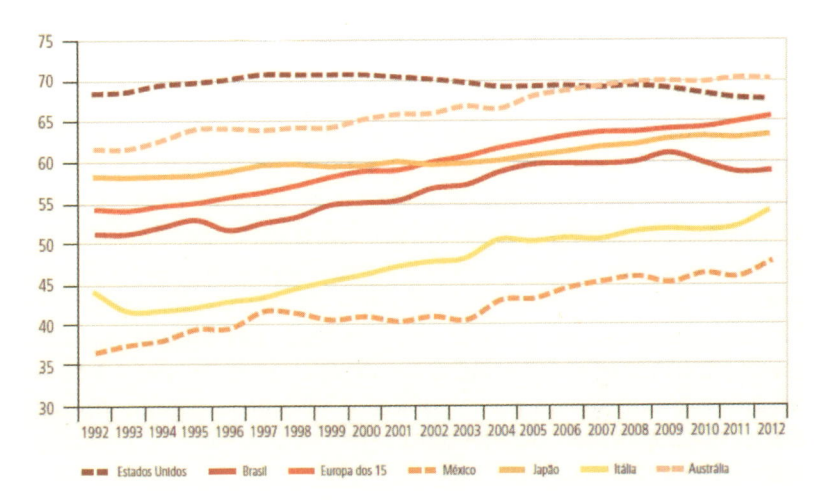

Capítulo 2 – Diferentes Dimensões do Envelhecimento... • 45

Gráfico 2: Vários países: taxa de participação feminina (1992-2012) em %

Fonte: PNADs/IBGE e OECD (2014)

Entre os anos 1992 e 2012, verificamos uma trajetória de ascensão ou estabilidade, embora haja distinções entre os países. Estados Unidos e Austrália são os países com maiores taxas de participação feminina, sendo que a Austrália superou o patamar de 70% em 2012 e apresentou uma taxa de crescimento significativa ao longo do período. As taxas brasileiras acompanharam o crescimento do restante dos países até o ano de 2005. Mas desde então se estabilizaram e, em seguida, registraram queda significativa entre os anos 2009 e 2011, enquanto as taxas de participação das mulheres dos demais países, exceto Estados Unidos, continuaram se elevando (IPEA, 2014).

Entretanto quando a taxa de participação de mulheres no mercado de trabalho é comparada à de homens, notamos que apesar dos avanços significativos, ainda há um baixo aproveitamento da capacidade laboral das primeiras. A taxa de ocupação entre as mulheres é menor do que a dos homens em todas as faixas etárias.

As diferenças são maiores nas faixas etárias mais baixas e nas mais altas. Enquanto 71,3% dos homens estão ocupados com idades entre 55 e 59 anos, a taxa entre as mulheres é de apenas 42,0%. O mesmo ocorre com a faixa entre 60 e 69 anos, com 50,1 para os homens e 23,3% para as mulheres, uma diferença de quase 30% a mais na participação dos homens na força de trabalho. Embora a diferença entre os sexos seja menor na faixa de 70 anos ou mais, homens tem 21,4% de ocupação enquanto as mulheres dessa faixa etária já estão, em massa, fora do mercado. Apenas 7,8% das mulheres com mais 70 anos ou mais estão ocupadas, taxa que só não é menor do que entre crianças de 10 a 14 anos (IPEA, 2014).

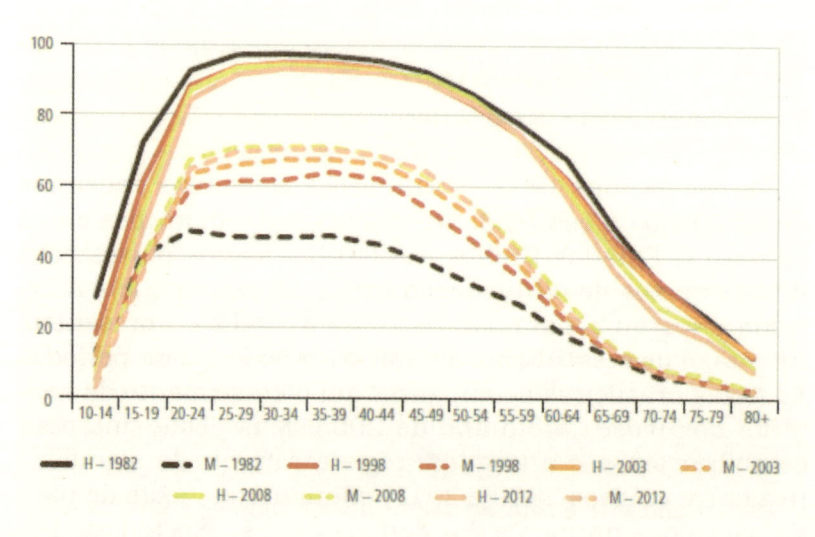

Gráfico 3: Brasil: taxas de participação na atividade econômica por sexo e idade (1982, 1998, 2003, 2008 e 2012) em %

Fonte: IPEA (2014)

Em alguns períodos, a entrada das mulheres no mercado foi mais tardia do que a dos homens. Elas somente ingressam ou retornam ao mercado depois de concluída a tarefa de criar os filhos. Isso fica claro dadas as taxas de participação da população com 50 anos de idade ou mais. Elas declinaram para os homens e se elevaram para as mulheres até 2008 (IPEA, 2014).

O fenômeno de elevação das taxas de participação das mulheres na força de trabalho está intimamente ligado à queda da fecundidade e extrapola o escopo do controle populacional. Esta forma de empoderamento confere a elas maior autonomia sobre sua vida e o próprio corpo. Dispondo de renda própria, ela participa mais ativamente das decisões relacionadas à família. Juntos, trabalho e maior nível de escolaridade contribuem para que a mulher consiga protagonizar decisões sobre a idade para o casamento e até mesmo a opção de não se casar, a idade para a primeira gestação e também o direito a não ter filhos. O aumento da independência financeira também acarreta na diminuição da necessidade de ter filhos como forma de seguro para a velhice.

Por outro lado, a decisão por tê-los pode significar para as mulheres restrições de acesso às atividades econômicas e sérias interferências na forma como elas pensam e experimentam a velhice. Isso ocorre porque na prática, a fase do curso de vida das mulheres dedicada ao trabalho é marcada por múltiplas jornadas, pois além do trabalho, elas se dedicam à gestação e à educação das crianças ou, mais a frente, a outros membros da família que necessitem de cuidados especiais. Há momento na vida da mulher em que a carga de cuidados dobra. Foi possível confirmar isso em nossa pesquisa de campo:

> Acho que o fato de ser mulher e chefe da família, com filhos é uma condição diferente para o trabalhador. O custo é alto, não só financeiro pois muitas vezes terceirizamos parte do nosso trabalho em casa e com piora da qualidade. Percebo que os meus colegas homens que contam com retaguarda da esposa em casa têm muito mais tranquilidade e conforto para exercer a profissão. Ao passo que a mulher vive com atropelos e ginásticas para driblar as demandas familiares e profissionais (Magda, 56 anos, Engenheira MG).

Em alguns países, já há recursos para assistir os homens a partilharem a responsabilidade de cuidar dos filhos. Mas este não é o caso do Brasil. Apesar dos avanços nas últimas décadas, o desequilíbrio entre os sexos ainda é preocupante. E se depender da provisão de serviços públicos que permitam socializar o ônus dos cuidados com a família, o Brasil perde dramaticamente para esses países (SORJ, FONTES E MACHADO, 2007 apud IPEA, 2014).

A ausência de práticas que atribuam uma visão coletiva aos cuidados com a família traz nitidamente à luz um viés de gênero na divisão do trabalho, pois essas atividades permanecem como sendo tarefas realizadas apenas pelas mulheres. Neste caso, as oportunidades de trabalho para as trabalhadoras, principalmente, para as que possuem filhos dependentes ficam restringidas ou, ao menos, menos confortáveis. A existência de filhos com menos de 12 anos de idade reduz a probabilidade da mulher participar no mercado de trabalho brasileiro. Em 2012, a presença de filhos com idades entre 0 e 2 anos declinava essa probabilidade em cerca de 10% (IPEA, 2014).

Enquanto isso, os homens, em geral, mantêm-se dedicados ao trabalho, participando menos da realização das tarefas do lar. Segundo o censo demográfico realizado em 2011, no Brasil, as mulheres gastam 2,5 vezes mais tempo com afazeres domésticos do que homens. Por outro lado, a jornada de trabalho semanal dos homens é, em média, 6,3 horas maior do que a jornada das mulheres em trabalhos formais, onde os homens trabalham cerca de 44 horas semanais enquanto as mulheres trabalham 40,3. Entretanto, quando se contabiliza o tempo que as mulheres dedicam aos afazeres domésticos sua jornada de trabalho total chega a alcançar cerca de 58 horas semanais, sendo que destas, 27,7 horas dedicadas às atividades domésticas. Ao passo que os homens dedicam apenas 11,2 horas às mesmas tarefas, acumulando 52,7 horas semanais de trabalho (IPEA, 2014). Infelizmente, esses dados ainda refletem um problema de toda a sociedade: as desigualdades de gêneros.

Além do papel social do cuidado ser historicamente atribuído às mulheres, como no Brasil elas recebem salários significativamente menores que os dos homens, elas geralmente são "escolhidas" para ficar em casa e cuidar de filhos, entes incapazes e idosos. Esse trabalho que nem sempre é valorizado, muitas vezes, sequer reconhecido, elas pagam um preço alto em termos de saúde pessoal. Em vez de fazer reservas financeiras para a própria velhice, as mulheres acreditam que investir no futuro é garantir boa educação e em algum tipo de poupança para os filhos. Juntos, esses fatores acabam refletindo prejuízos na construção das condições requeridas para a aposentadoria, pois sem trabalhar elas não contribuem ou contribuem menos para a previdência social ao longo do curso de vida. Vejamos no Gráfico 4 a proporção de homens e mulheres que contribuem para a previdência social:

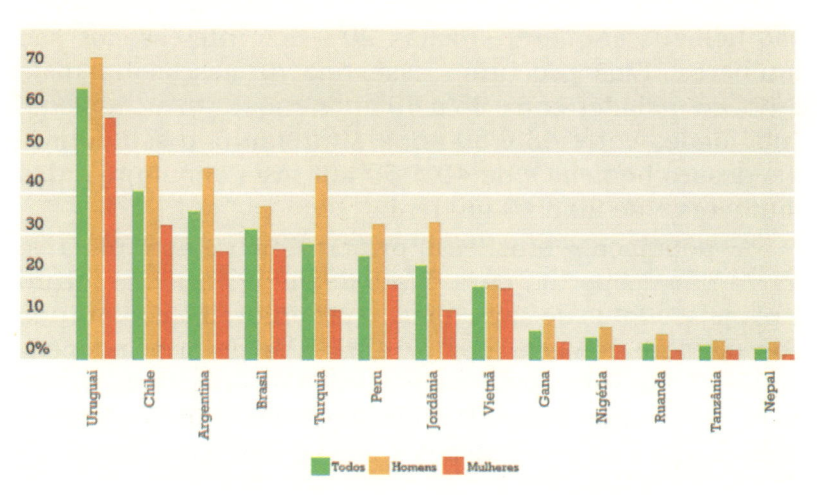

Gráfico 4: Proporção da população em idade ativa (15-64) que contribui para a previdência social
Fonte: OIT, disponível em www.ilo.org/gimi/gess/RessourceDownload.action?ressource.ressourceId=19606

Como resultado das desigualdades de gênero – mulheres percebendo remunerações menores do que as dos homens, independente do grau de instrução e da qualidade do trabalho, e interrompendo ou postergando sua entrada no mercado de trabalho – a perda do valor do benefício previdenciário ao se aposentar chega a uma média de 50% em relação ao que os homens recebem ao se aposentarem (ZIMMERMAN et al., 2000 *apud* RASKIN & GETTAS, 2007). E isso pode culminar em severa queda do padrão de vida das mulheres e, até mesmo, em uma velhice marcada pela pobreza.

Tal cenário é certamente mais dramático para mulheres pobres, mas não isenta as que percebem rendas mais elevadas. Em relação à previdência privada e outros tipos de investimentos para a velhice, Marcos Silvestre, economista, professor e consultor em planejamento financeiro, revelou no II Fórum da Longevidade, realizado em 2014, que entre os clientes que buscam orientação financeira para garantir uma vida confortável na velhice, 4 a cada 5 são homens enquanto apenas 20% dos interessados são mulheres. Elas procuram esse tipo de assessoria mais cedo, com idades entre 35 a 40 anos enquanto os homens, com idades entre 45 e 50 anos. Entretanto, o salário médio desses homens é de 40 a 50 mil reais enquanto o das mulheres é de 20 a 40 mil reais.

A população brasileira, principalmente as mulheres, ainda não despertou para o fato de que investir no futuro é planejar, antes de mais nada, a própria velhice. A atitude correta deve começar por garantir sua própria independência financeira, sobretudo para não gerar sobrecarga para os próprios filhos. E a aposentadoria ainda é a principal forma de fazê-lo, seja por meio do INSS ou de planos de previdência privada.

O paradoxo é que apesar de as mulheres receberem remunerações menores do que as dos homens, de serem pouco valorizadas como cuidadores familiares e, até mesmo, de ainda serem impedidas, por prática, de desempenhar determinados trabalhos tradicionalmente realizados por homens, sua participação na força de trabalho já é reconhecida como essencial para mitigar os efeitos da escassez de mão de obra qualificada e o declínio da força de trabalho. O que aponta para a necessidade de ações mais eficazes no combate às inequidades de gênero.

2.7. Velhice sem trabalho: privilégio ou privação?

Além das diferenças de gênero, sabe-se que tanto o sentido do trabalho quanto a atitude do trabalhador para com o trabalho podem variar de acordo com as gerações a que eles pertencem. BENNIS & THOMAS (2002 apud RASKIN & GETTAS, 2007) sugerem que a era em que nascemos tem profundo impacto em nossas vidas e que essa perspectiva de coorte se reflete nas atitudes relacionadas a trabalho e carreira ao longo da vida profissional. O contexto em que as gerações de trabalhadores se encontram também influencia sua forma de se relacionar com o trabalho. Os trabalhadores são influenciados não apenas pelo sistema econômico vigente a que estão submetidos como, também, pelos modelos de gestão instalados pelos empregadores.

Sabe-se ainda, que a atitude do indivíduo em relação ao trabalho começa a se desenvolver na adolescência – quando usualmente o jovem se prepara para entrar no mercado de trabalho – e tem papel importante sobre as decisões da carreira. Quanto mais envolvido um indivíduo jovem estiver, quanto mais papéis sociais o indivíduo ocupar, melhor será sua adequação. Isso serve para homens e mulheres.

Alguns autores admitem que a forma como cada indivíduo "se engaja no mundo do trabalho é fundamental para o progresso bem sucedido ao longo do curso de vida". A projeção da carreira e o envolvimento com o trabalho têm períodos de maior e menor intensidades, são sempre um valor arraigado e podem ser um preditivo sobre quanto tempo o trabalhador irá trabalhar ao longo da vida (RASKIN & GETTAS, 2007). Então seguindo a divisão tradicional do curso de vida, o indivíduo trabalha por décadas e, ao se aproximar da velhice, "já aprendeu os limites dos papéis criados por ele mesmo, o valor da cooperação, que o trabalho é uma forma de autoexpressão" e, principalmente, que "os sistemas externos de recompensa não importam tanto quanto os valores internos e o legado".

Pode-se dizer, portanto que a relação entre trabalhador e trabalho se desenvolve durante todo o curso de vida de um indivíduo, ou seja, que a atitude do indivíduo em relação ao trabalho começa a se desenvolver na adolescência, é capaz de exercer papel importante sobre as decisões da carreira e a vida pessoal ao longo da vida adulta, sendo um dos fatores que podem determinar se – ou quando – um trabalhador idoso se aposentará ou permanecerá no mercado de trabalho por tempo prolongado.

A presença continuada do trabalhador idoso no mercado de trabalho é um assunto controverso, representa o dilema entre exercer o direito legal a não ter trabalho e usufruir o descanso assistido na velhice – o que seria um privilégio – ou a necessidade de trabalhar para usufruir uma velhice digna em seus múltiplos sentidos – o que, porém, sem acesso ao trabalho, significa privação.

Diversas questões devem ser consideradas para que se possa compreender a questão do trabalho na velhice no contexto específico deste início de século. Duas das primeiras coisas que vêm à mente quando o assunto é o prolongamento do tempo que uma pessoa idosa permanecerá trabalhando durante a velhice são se o trabalho não lhe será uma carga excessiva para sua idade e se ela terá aptidões físicas e mentais para enfrentar a desgastante rotina de trabalho. Em outras palavras: o trabalhador idoso suportará as cargas física e psíquica do trabalho, considerando que já terá trabalhado durante aproximadamente 30 ou 40 anos?

Nesse sentido, primeiro é preciso esclarecer que ao falar de carga física, o perigo é o emprego excessivo de aptidões fisiológicas. Já em relação à carga psíquica, o excesso pode não ser o problema. Ao contrário, o subemprego das aptidões psíquicas, fantasmáticas ou psicomotoras ocasiona uma retenção de energia pulsional. E essa energia não descarregada é que se torna perigosa. Ele acrescenta ainda que "o trabalho torna-se perigoso para o aparelho psíquico quando ele se opõe à sua livre atividade. O bem-estar, em matéria de carga psíquica, não advém só da ausência de funcionamento, mas, pelo contrário, de um livre funcionamento, articulado dialeticamente com o conteúdo da tarefa, expresso por sua vez na própria tarefa e revigorado por ela. Em termos econômicos, o prazer do trabalhador resulta na descarga de energia psíquica que a tarefa autoriza, o que corresponde a uma diminuição da carga psíquica do trabalho".

Com isso em mente, podemos dizer que a carga psíquica do trabalho pode ser positiva ou negativa em qualquer fase da vida. Segundo o autor, "se um trabalho permite a diminuição da carga psíquica, ele é equilibrante. Se ele se opõe a essa diminuição, ele é fatigante. Um trabalho livremente escolhido ou livremente organizado, geralmente torna-se então um meio de relaxamento, às vezes a um tal ponto que uma vez a tarefa terminada, o trabalhador se sente melhor que antes de tê-la começado" (DEJOURS, ABDOUCHELI, & JAYET, 2010).

Em outras palavras: o trabalho fatigante nem sempre é aquele que exige esforço físico, causa grande estresse ou expõe o trabalhador a maior risco. Inúmeros outros fatores podem fazer com que a carga psíquica de uma atividade profissional possa ser descarregada, revertendo seu aspecto negativo em proveito da capacidade de manutenção de condições internas estáveis face às contínuas alterações do meio exterior. Por outro lado, é comum que aquela atividade onde o indivíduo usufrui de tempo ocioso devido à ausência temporária de trabalho possa ser mais fatigante por não permitir que o trabalhador descarregue a carga psíquica, já que ele nem pode desempenhar sua função nem pode ir para casa ou se ocupar com qualquer outra atividade que não esteja prevista na organização do trabalho.

De outra forma, apesar de estar submetido a uma carga de trabalho desmedida, que poderia ultrapassar as capacidades dos homens, outros trabalhadores podem se sentir realmente satisfeitos com seu trabalho e não reportarem qualquer fadiga, mantendo sempre sua forma física e mental em excelente estado. Neste caso, a carga psíquica negativa faz parte do prazer do trabalho e pode até mesmo assegurar o equilíbrio e uma boa saúde (DEJOURS, ABDOUCHELI, & JAYET, 2010).

Nota-se que o grupo de trabalhadores da geração de *baby boomers* que chega aos 60 anos de idade com boa saúde e disposição física vem crescendo – embora, obviamente, não se possa presumir que todos os idosos experimentam a mesma condição. Já no que diz respeito à carga psíquica, por um lado, o trabalho pode ser estressante para um trabalhador que está no mercado há cerca de 30-40 anos, mas, por outro, sem o trabalho o idoso deixa de ter um canal para descarregar a carga psíquica e usufruir dos prazeres do trabalho. Logo, é cada vez mais difícil arriscar um parecer único sobre quanto o trabalho realmente contribui ou prejudica a vida de um indivíduo idoso, de forma outra que não seja caso a caso.

Entretanto quando o assunto é a perda do trabalho, considerando tudo o que vimos sobre o embate do ser humano contra a finitude da vida e as representações sociais que ainda privilegiam a juventude em detrimento da velhice e rotulam de improdutivo o indivíduo que deixa de produzir riquezas, as transformações biopsicossociais a que eles passam a estar submetidos quando se retiram do mercado de trabalho ficam muito mais evidentes. Efeito colateral da cristalização dessa mentalidade é que o argumento da aposentadoria funciona, muitas vezes, como um mecanismo para a incitação ou obrigatoriedade da saída de trabalhadores idosos do mercado de trabalho. Ao final do ciclo de quatro ou cinco décadas de trabalho, os indivíduos que não experimentam uma morte precoce, chegam à fase da velhice e, então classificados como incapazes – leia-se: improdutivos –, perdem abruptamente o emprego, ainda que desejem permanecer ativos na empresa empregadora.

Este modelo tem sido visto como uma ordem natural e tem sido generalizado dessa maneira porque, apesar do aumento do tempo de vida, as políticas e as expectativas do curso de vida continuam sendo baseadas nos mesmos modelos simplistas de quase dois séculos atrás. Assim como na área de saúde, continua imperando um modelo que trata pacientes de 18 a 100 anos nos mesmos moldes – enquanto eles apresentam especificidades muito distintas – no Brasil, não há políticas diferenciadas e atualizadas para lidar com o trabalhador idoso. Então a aposentadoria acaba sendo sinônimo de perda do trabalho.

O problema é que o trabalho é condição básica e fundamental de toda a vida humana, um fator que molda a maneira de pensar, agir e sentir dos indivíduos. STEGNER (1978 *apud* RASKIN & GETTAS, 2007) afirma que o trabalho dá sentido às nossas vidas e "é a medida final, o esqueleto que suporta a vida adulta" e influencia o modo de viver a vida cotidiana no contexto da coletividade. Por isso, na visão de GAULEJAC (2007), "o desaparecimento da atividade profissional é uma verdadeira amputação do Ego, que reduz os estímulos e os apoios dos quais o indivíduo tem necessidade para desenvolver suas funções defensivas, narcísicas e elaborativas". PUPO (2005) acredita que "o fim do trabalho poderia significar a sentença de morte para a civilização, como a conhecemos" e que "o fim do emprego poderia também sinalizar uma grande transformação social".

Em meu trabalho de campo, uma trabalhadora resumiu muito lucidamente o significado do trabalho:

Sem um trabalho digno, respeitoso, o ser humano perde o sentido da vida (Sra. Ruth, 52, Técnica em Eletroeletrônica – MG).

O impacto da perda do trabalho e do emprego afeta trabalhadores de ambos os gêneros e de todas as gerações. Porém, para os trabalhadores idosos, normalmente a perda do trabalho e do emprego ocorre de forma abrupta – com a aposentadoria – e simultânea às mazelas atribuídas à velhice. A maneira pela qual a perda do trabalho é percebida varia entre homens e mulheres, assim como eles diferem em relação à decisão para se aposentarem. No processo decisório, os homens decidem se aposentar muito mais baseados no seu relacionamento com o mundo do trabalho do que com qualquer outra coisa, enquanto as mulheres comumente decidem com base em seus relacionamentos e suas obrigações familiares (HATCH & THOMPSON, 1992; PRICE, 2002; SZINOVACZ & EKERDT, 1995 *apud* RASKIN & GETTAS, 2007). Algumas mulheres relutam em se retirar do mercado porque entraram nele tardiamente. É comum que elas entrem ou retornem ao mercado depois de terem cumprido a tarefa de criar os filhos. Paralelamente a isso, seus maridos já estão começando a desacelerar a rotina de trabalho.

Em relação ao gênero dos trabalhadores, ERIKSON *et al.* (1986 *apud* RASKIN & GETTAS, 2007) explicam que o comportamento de homens e mulheres pode ser diferente também em relação ao evento aposentadoria. E isto afeta diretamente a autoestima e a percepção de utilidade que o indivíduo construiu para si mesmo neste cenário em que, acredita-se, um indivíduo somente é útil para a sociedade enquanto é capaz de produzir bens e serviços. Para os homens, o trabalho está associado à masculinidade e a outros aspectos da vida adulta. Como o homem acredita ser o provedor da família, além de ser um pré-requisito para ser reconhecido como um adulto perante à sociedade, o trabalho é sinônimo de utilidade desde o início da vida adulta até a velhice. Logo, na ausência do trabalho por ocasião da

Capítulo 2 – Diferentes Dimensões do Envelhecimento... • 57

aposentadoria, o homem perde a conexão com o sentimento de utilidade que carregou durante toda a vida enquanto podia cumprir o papel social que lhe foi atribuído.

No caso das mulheres, pode-se dizer que, para a maioria delas, o sucesso está associado principalmente à execução bem sucedida das tarefas de administração do lar, da educação dos filhos e do cuidado com entes doentes da família. Esta visão pode parecer machista, mas é apenas a constatação de uma associação histórica de tais tarefas às mulheres. Embora sua participação no mercado de trabalho aumente cada vez mais, o sentido de utilidade que mais sobressai para elas ainda está situado muito mais no sucesso das responsabilidades para com a família do que nas atividades laborais. Por isso, quando se aposentam, elas têm mais facilidade para se adaptar à ausência do trabalho e do emprego. Entretanto, no caso de mulheres que se dedicam intensamente à carreira, a atitude frente à aposentadoria é diferente das primeiras, configurando-se de maneira semelhante à reação dos homens. Neste caso, tanto homens quanto mulheres apresentam dificuldades de se adaptar à retirada do mercado.

Uma pesquisa realizada pelos mesmos autores revelou que para os homens o senso de competência na velhice estava relacionado a um senso de autoridade derivado de experiências de épocas anteriores no ambiente de trabalho. Para eles, a aposentadoria, e com ela a perda da recompensa monetária referente ao trabalho, impactou o senso de competência e de satisfação, ambos relacionados ao ritual de 'levar para casa' o pagamento pelo trabalho realizado. Parte dos homens que participaram da pesquisa perceberam uma sensação de perda de competência e, como consequência, eles tentavam se manter presos às conquistas passadas da carreira. E pior: alguns disparavam processos que denegriam suas próprias conquistas ao longo da vida por terem desenvolvido um sentimento de inadequação. Se para o homem a percepção de sucesso e competência está relacionada à identidade de provedor, à autoridade e à recompensa monetária pelo trabalho, para a mulher, são mais relevantes o cuidado com a família e a casa. Embora parte das mulheres que participaram da pesquisa considerassem ambos importantes, a maioria das participantes julgava a efetividade nas tarefas domiciliares mais importante do que as questões de trabalho.

Mas afinal, experimentar uma velhice sem trabalho é privilégio ou privação? A resposta para esta pergunta está muito mais relacionada às motivações que levam à sua presença continuada na força de trabalho – melhor detalhadas no Capítulo 6 – e ao contexto em que se encontram os idosos, do que à carga física e psíquica do ato do trabalho propriamente dito. Como vimos nas seções anteriores deste capítulo, infelizmente, no contexto da sociedade brasileira contemporânea, se o indivíduo perde o trabalho, ele perde também as condições de manter-se no papel de provedor e produtivo, com isso, além de perder sua identidade e seu *status quo*, perde também seu papel social. Isso influencia o julgamento que se faz a respeito da aposentadoria para os trabalhadores idosos em nossa sociedade.

Capítulo 3

Riscos e Oportunidades para a Economia

A quem pertence o ônus do envelhecimento? Como garantiremos a produtividade da força de trabalho envelhecida? E como fica a sustentabilidade da previdência social? Essas e outras numerosas perguntas revelam que no mundo inteiro a principal preocupação com os efeitos do envelhecimento populacional é de ordem econômica. E isso não acontece por acaso. Primeiro porque o envelhecimento da população é considerado um *game-changer*, e como tal provoca mudanças em todos os campos da vida em sociedade. Segundo porque nenhuma nação pode gerenciar seu impacto individual e isoladamente, e isso faz com que países do mundo inteiro se tornem suscetíveis a um efeito dominó que poderá culminar em um colapso econômico de alcance global.

Por este motivo, hoje, falar do envelhecimento populacional global é mais do que considerar as perspectivas individuais, locais e regionais, o que já seria bastante complexo. É falar também de um fenômeno capaz de impactar diferentes sistemas econômicos interconectados de países do mundo inteiro. Ao falar do crescimento exponencial da fatia da população idosa, tais assuntos que nunca foram temas de grande interesse da sociedade – a não ser pelo aspecto da aposentadoria – alcançaram níveis de relevância e visibilidade que vêm tornando mandatória sua inserção nas agendas de nações de todo o mundo.

Neste capítulo, o foco de estudo se transfere do âmbito do indivíduo para o das nações, dos vieses cultural e social para o econômico, exatamente para mostrar porque, em termos econômicos, a gestão do envelhecimento populacional é uma tênue fronteira entre o que poderá ser uma das maiores conquistas do ser humano ou um dos seus maiores fracassos.

3.1. Envelhecimento: desafio local, alcance global

Embora o processo de envelhecimento das populações apresente características circunscritas a cada país, ao menos uma dinâmica é comum a todos eles: o chamado bônus demográfico[11] ou dividendo demográfico. O bônus demográfico é uma oportunidade de prosperidade e crescimento econômico decorrente da mudança de estrutura etária da pirâmide populacional. Ocorre porque durante um intervalo de tempo "as sociedades que atravessam esta etapa de sua transição demográfica têm, proporcionalmente, um elevado contingente de pessoas em idade ativa e uma razão de dependência relativamente baixa, configurando um potencial demográfico favorável ao crescimento econômico" (BLOOM *et al.*, 2003 *apud* IBGE, 2006).

Com a alteração da estrutura etária da população ocorre, no primeiro momento, a redução relativa de crianças e o aumento de adultos em idade ativa – aqueles pertencentes à faixa que varia de 15 a 60 anos. Diz-se então que o primeiro efeito da transição demográfica é a redução das taxas de dependência entre os diferentes grupos etários, ou seja, menos pessoas muito velhas ou muito novas para

---

[11] Definição extraída da URL: http://www.abep.nepo.unicamp.br/docs/poppobreza/alves.pdf. Acessado em junho de 2013.

Capítulo 3 – Riscos e Oportunidades para a Economia • 61

trabalhar por cada pessoa em condições de ter um trabalho. É durante o período de baixas taxas de dependência que o potencial da transição demográfica se torna favorável ao crescimento econômico. Os demógrafos afirmam que quedas nas taxas de dependência foram responsáveis por cerca de um terço do milagre econômico na Ásia Oriental no período do pós-guerra e o extraordinário crescimento da economia da Irlanda no início deste século.

Em um segundo momento, o contingente de crianças continua declinando graças às baixas taxas de fecundidade, mas o de idosos aumenta significativamente, o que volta a elevar as taxas de dependência, dessa vez puxadas não pelo nascimento de crianças, mas pela longevidade de idosos que se tornarão economicamente dependentes dos adultos em idade ativa. Historicamente períodos com altas taxas de dependência demandam maior quantidade de recursos aplicados em assistência. Um exemplo disso é a África Subsaariana que, presa em uma dramática taxa de dependência de um para um por décadas, teve seu desenvolvimento econômico frustrado. Fica claro então que o aproveitamento do bônus demográfico não é exatamente uma questão de tamanho da população, mas de estrutura.

Os potenciais benefícios dos dividendos demográficos também estão diretamente relacionados ao mercado de trabalho. Primeiro porque o país deve ser capaz de gerar emprego na fase em que haverá aumento imediato do contingente de pessoas ativas disponíveis no mercado de trabalho. E depois porque precisará manter a sustentabilidade dos sistemas previdenciários para assistir o crescente contingente de pessoas que se aposentam, devendo cuidar ainda de manter a disponibilidade de mão de obra para atender à demanda do país.

Para usufruir do benefício econômico e social do bônus demográfico, é preciso promover condições adequadas, provendo meios para que o efetivo da população em idade ativa seja preparado adequadamente – tanto em termos educacionais quanto em relação à qualificação profissional – para enfrentar um mercado de trabalho cada vez mais competitivo, neste primeiro momento, dentro e fora do país. É preciso compreender de uma vez por todas que não são as condições da estrutura etária que vão garantir o êxito das políticas educacionais. Ao contrário, são as políticas educacionais que vão determinar um aproveitamento eficiente do bônus demográfico (BRITO, 2008). O país também precisará ser capaz de absorver a mão de obra disponível e de incentivar as potencialidades da grande proporção de pessoas capazes de contribuir para a elevação da produção e da produtividade.

A saúde pública também merece especial atenção, tanto porque é preciso proporcionar amplo acesso às diversas modalidades de serviços focadas em uma população que se torna cada vez mais longeva, quanto porque o custo de viver mais é alto. Eleva-se, entre outros motivos, por causa da crescente demanda por cuidados paliativos de longo prazo, ocasionados pela incidência de doenças crônicas não transmissíveis típicas do processo de envelhecimento e agravadas pela ausência de prevenção (WEF, 2013).

Países como Alemanha, Japão, Canadá e Estados Unidos, que já enfrentam altos índices de envelhecimento de suas populações há algumas décadas, obtiveram alguns avanços, mas colecionam também muitos insucessos e até crises produzidas pelas mudanças implementadas no campo do trabalho e da seguridade social. Um exemplo recente foram os violentos protestos na Europa causados pelo anúncio de mudanças nas regras de elegibilidade à aposentadoria.

Se o cenário é desafiador para os países desenvolvidos, o que dizer de países que, como o Brasil estão envelhecendo antes de enriquecer, antes de preparar os setores estruturantes da economia para suportar uma sociedade envelhecida? Quem acompanhou as eleições de 2014 certamente percebeu o descaso – e por que não dizer até mesmo a ignorância? – dos candidatos, principalmente

Capítulo 3 – Riscos e Oportunidades para a Economia • 63

dos presidenciáveis, em relação à gestão dos efeitos do envelhecimento populacional no país. Lembro-me que às vésperas da eleição, o último debate transmitido por um canal aberto de TV não me deixou outra coisa senão um sentimento de indignação que não fora causado por uma gafe política nem pela empáfia dos candidatos, mas pela preocupante demonstração de imperícia ao falarem sobre fator previdenciário e recolocação para trabalhadores mais velhos, performances que beiraram a indecência.

Por definição, um risco global não respeita fronteiras nacionais e extrapola completamente a capacidade de qualquer nação ou organização geri-lo ou mitigá-lo por conta própria e isoladamente. Por esse motivo, a necessidade de gerir com eficácia o envelhecimento populacional já figurou nos relatórios públicos de organizações mundiais. Além da Organização Mundial de Saúde, que mantém fóruns especiais para tratar do assunto, o Fórum Econômico Mundial lançou um alerta a governos do mundo inteiro quando apontou, no Relatório de Riscos Globais 2013, que a má gestão do envelhecimento populacional era o 14ª maior risco à economia global em impacto. Neste quesito, a má gestão do envelhecimento populacional, que ocupava a 28ª posição no *ranking* de riscos globais por impacto em 2012, avançou para 14 posições em apenas um ano (WEF, 2013).

Os dados do relatório sugerem que assim como o Brasil, outros países em desenvolvimento arriscam procrastinar esforços para o entendimento da questão, começando pelo mais alto nível da esfera governamental, passando por empresas de todos os portes e setores de atuação e culminado nas instituições de ensino e pesquisa. Não foi por mera coincidência que a pesquisa realizada pelo Fórum Econômico Mundial, com mais de mil organizações no mundo inteiro, mostrou que em uma escala de um a cinco, o risco de falhar em endereçar ambos os custos crescentes e os desafios sociais associados ao envelhecimento populacional alcançou o grau 3,83 na escala, ficando atrás somente de riscos como a crise no abastecimento de água potável, a emissão de gases poluentes, o desequilíbrio fiscal crônico e a severa disparidade de renda (WEF, 2013). Na realidade, o risco da má gestão do envelhecimento populacional já havia sido mapeado no ano anterior, quando ocupava a 18ª posição no *ranking* de probabilidade e saltou treze posições acima em apenas um ano, passando a ocupar a 5ª posição no *ranking* em 2013.

Uma das razões para a ascensão do risco da má gestão do envelhecimento populacional no indicador de representatividade dos riscos globais é que riscos globais não se enquadram em modelos conceituais existentes (WEF, 2013). E pior: eles estão inter-relacionados entre si de forma a impactarem e serem impactados uns pelos outros, de forma sistêmica. A má gestão do envelhecimento global é, ao mesmo tempo, influenciadora ou influenciada por outros riscos como o desequilíbrio crônico do mercado de trabalho e do fisco, a inflação ou deflação descontrolada, a grande e sistêmica falência financeira e o crescimento dos índices de doenças crônicas (WEF, 2013). A questão das doenças crônicas ganhou ainda mais destaque na edição 2014 do relatório, quando o crescimento dos gastos com doenças crônicas foi apontado como um dos cinco maiores riscos sociais para a economia global (WEF, 2014).

Em suma, é importante compreender que o envelhecimento populacional traz consigo sérios riscos. Mas o fenômeno por si só não determina o sucesso ou o fracasso de um país nessa empreitada que não é solitária, pois tem caráter interdependente e alcance global. Entretanto, alguns países enfrentarão mais desafios relacionados ao envelhecimento de sua população do que outros e essas diferenças não serão percebidas devido ao grau de desenvolvimento de cada país porque apesar deste aspecto ser de extrema relevância, a forma como cada nação irá lidar com o fenômeno é o que verdadeiramente determinará a polaridade do seu impacto. E como está o Brasil frente a esse desafio?

3.2. Brasil: estamos aproveitando nosso bônus demográfico?

Quando o assunto é o fenômeno global do aumento da longevidade, sabe-se que diversos aspectos da coletividade já estão sendo impactados pelas demandas específicas de uma sociedade em pleno processo de envelhecimento. Alguns desses aspectos tornam-se mais evidentes durante o período de transição demográfica: ambiente físico (moradia, prevenção de acidentes domésticos), comportamento (atividade física, alimentação, consumo de álcool), social (educação, direitos humanos, violência) ou economia (trabalho, emprego, renda, seguridade social).

Mas para falar de aproveitamento das oportunidades do bônus demográfico é preciso compreender três importantes aspectos: o aumento da população em idade ativa em comparação à população total, a elevação da capacidade de poupança e a ampliação da qualidade da educação das novas gerações. É a otimização desses três aspectos que determina se o benefício do bônus demográfico está sendo aproveitado.

3.2.1. A população em idade ativa cresce cada vez menos

Tipicamente, a fase do bônus demográfico de um país começa em plena transição demográfica e pode se prolongar para além de sua conclusão. A exemplo de outros países em desenvolvimento, a transição demográfica no Brasil tem sido acelerada pelo declínio veloz dos níveis de fecundidade e do ritmo de crescimento demográfico. Nas décadas de 70 e 80, a alargada base da pirâmide etária demonstrava a predominância de crianças e jovens entre a população e, consequentemente, uma alta taxa de dependência.

Com o passar dos anos, seguindo uma tendência natural gerada pelo aumento da expectativa de vida e o declínio da mortalidade, a população brasileira envelheceu e causou a redução da taxa de dependência, que era de 60,3% no ano de 2001, para 54,6% em 2011[12]. O contingente de indivíduos com idades entre 0 a 14 anos caiu de 35% do total da população para 25% nos últimos 20 anos. Até o ano de 2010, a população jovem se manteve em maior tamanho absoluto (BRITO, 2008); as projeções são de que continue a se contrair em termos proporcionais, em um ritmo parecido, até 2020 e, em questão de algumas décadas, mais ou menos no ano de 2050, a faixa dos mais jovens terá encolhido significativamente em relação aos anos anteriores, enquanto a faixa etária predominante entre a população brasileira terá de 40 a 69 anos de idade (NONATO *et al.*, 2012). Vejamos esta tendência no Gráfico 5:

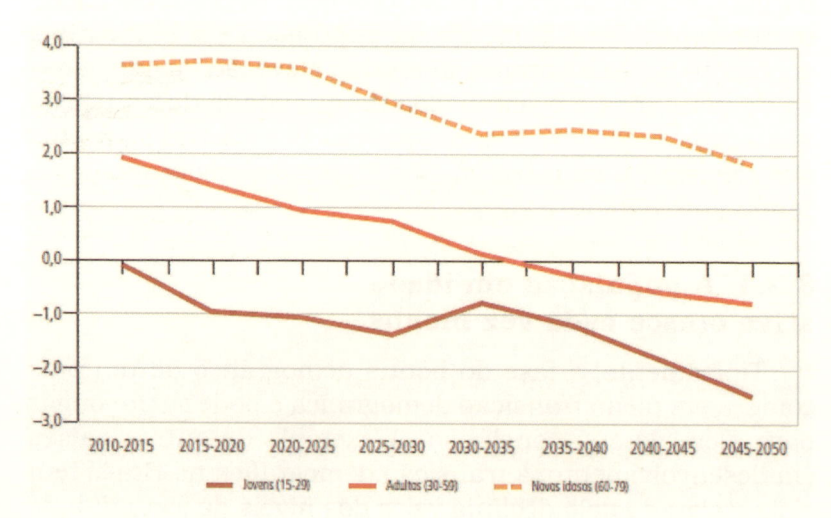

Gráfico 5: Taxas de crescimento dos diversos grupos etários (2010-2050) em %

Fonte: IPEA, 2014

---

[12] Dados consolidados do Censo Demográfico 2010 em resultados por amostra. Disponível na URL http://www.ibge.gov.br/home/estatistica/populacao/censo2010/default_resultados_amostra.shtm, acessado em junho de 2013.

Capítulo 3 – Riscos e Oportunidades para a Economia • **67**

O primeiro subgrupo – jovens de 16 a 29 anos –, mais suscetível à morte causada por violência, apresentará taxas de crescimento negativas ou diminuição do seu contingente durante todo o período da projeção. Já população de 30-59 anos deverá crescer em um ritmo cada vez menor até 2035, quando começará a diminuir, assim como a população total. A partir de 2045, apenas a população de 60 anos ou mais poderá ter um incremento positivo. Isso levará ao envelhecimento da população em idade ativa (PIA). Em outras palavras: se em curto prazo, ocorreu uma redução do contingente jovem da população, em médio e longo prazos, o veloz declínio das taxas de fecundidade acarretará também em redução da população em idade ativa (PIA) e em aumento crescente da proporção da população idosa. O gráfico a seguir mostra as taxas de crescimentos da população brasileira em idade ativa, dividida por grupos etários: 15 a 29 anos (adultos jovens), 30 a 59 anos (adultos) e 60 a 79 anos (idosos):

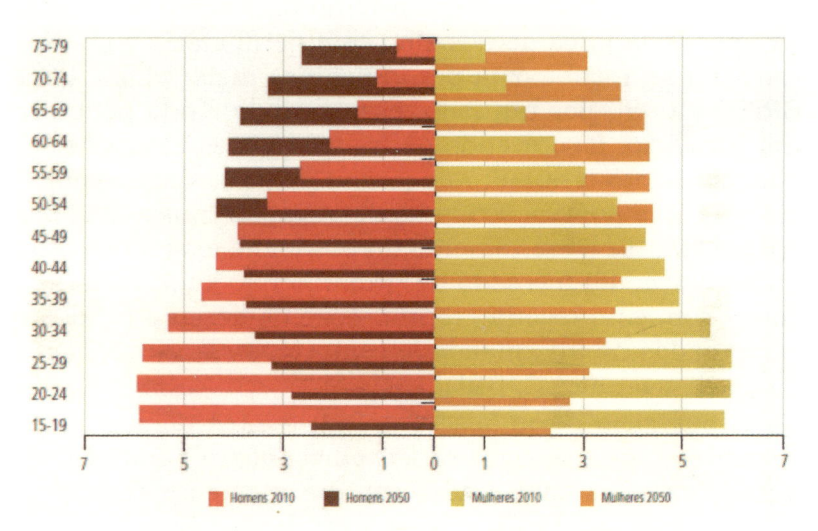

Gráfico 6: Brasil: distribuição percentual da PIA por grupos de idade e sexo (2010 e 2050)

Fonte: IPEA, 2014

Na perspectiva do mercado de trabalho, os efeitos da transição demográfica já têm afetado o tamanho e a composição da população brasileira em idade ativa e também tem afetado, por consequência, a disponibilidade de mão de obra no país (NONATO *et al.*, 2012). Com taxas decrescentes de 1980 a 2050, haverá uma expansão discreta da oferta de força de trabalho, ocasionada pelo crescimento da população predominantemente ativa (15-64 anos). Se as projeções se confirmarem, essa trajetória de ascensão ocorrerá somente até meados da década de 2020, quando então iniciará uma tendência de queda em termos absolutos.

Em resumo, a perspectiva demográfica para as próximas décadas sugere que o Brasil registrará apenas mais alguns anos de crescimento de sua população em idade ativa, mas em taxas cada vez menores. E já a partir de meados da próxima década, deve iniciar uma trajetória de declínio relativo e absoluto dessa população. Se comparada à mão de obra disponível no país nos dias atuais, teremos uma força de trabalho com perfil etário mais elevado, ou seja, composta por indivíduos mais velhos. Para BRITO (2008), por um lado, esse período ainda pode ser um benefício, favorecendo as transferências intergeracionais enquanto o número de jovens e idosos dependentes, em relação à população em idade ativa, for baixo. Mas por outro lado, "se o crescimento da economia e as mudanças na regulação do mercado de trabalho não superarem seu comportamento recente, a proporção de desempregados e empregados na informalidade comprometerá as oportunidades demográficas" (BRITO, 2008).

É por meio da análise dos indicadores demográficos correntes e prospectivos do envelhecimento populacional que se torna possível saber em que momento cada país passará a dispor do chamado bônus demográfico (BLOOM *et al.*, 2003 *apud* IBGE, 2006). Assim dizendo, o lado positivo dessa análise é que o Brasil ainda vive seu período de bônus demográfico, um momento que ainda pode ser

Capítulo 3 – Riscos e Oportunidades para a Economia • 69

favorável ao desenvolvimento da economia e, sobretudo, a reformas no sistema previdenciário, graças ao número elevado de trabalhadores contribuintes. Neste caso, a própria população funciona como um impulsionador do crescimento social e econômico (Universidade Federal de Juiz de Fora, 2012).

Porém, o lado preocupante é que apesar de ainda não ter encerrado seu período de bônus demográfico, o país já percorreu boa parte dele. Estima-se que o Brasil já tenha percorrido pouco mais de 80% da elevação de sua população em idade ativa (FGV IBRE, 2011). Na década de 1970, a taxa de crescimento da PIA foi de 3,1% ao ano, frente a 2,5% da taxa de crescimento da população total (POT), ou seja, período de pleno bônus. Em contrapartida, como o que importa para termos de crescimento é a diferença entre a taxa de crescimento da população em idade ativa (PIA) dividida pela a taxa da população total (POT), o bônus demográfico, que iniciou-se em meados da década de 1970, deve encerrar-se na primeira metade da década de 2020, mais precisamente no ano de 2022, quando a taxa de crescimento da PIA será menor que a taxa de crescimento da POT, invertendo o que ocorreu na década de 1970. Então o período de aproximadamente 50 anos de bônus demográfico terá se encerrado em definitivo.

Em função de o primeiro aspecto do bônus demográfico já ter sido praticamente concluído, estima-se que a razão de dependência entre a população irá seguir uma trajetória de declínio até o ano de 2022. Mas, em seguida, completamente encerrado o período do bônus demográfico, ela voltará a se elevar em virtude do aumento da participação absoluta e relativa da população com 60 anos ou mais na população total[13]. Segundo dados do IBGE, o número de indivíduos idosos para cada 100 indivídu-

---

[13] Dados consolidados do Censo Demográfico 2010 em resultados por amostra. Disponível na URL http://www.ibge.gov.br/home/estatistica/populacao/censo2010/default_resultados_amostra.shtm, acessado em junho de 2013.

os em idade ativa, alcançará o patamar de 52,1 em 2050 (IBGE, 2006). Essa trajetória já foi experimentada por países como Japão, Alemanha e França, que tiveram suas taxas de dependência aumentadas não devido ao aumento do contingente de jovens, mas sim de indivíduos de 60 anos ou mais, registradas atualmente em 67,8%, 52,3% e 49,5%, respectivamente[14] (FGV IBRE, 2011).

Quanto maior a taxa de dependência de uma população, maiores deverão ser os gastos do governo com assistência à população dependente. Como grande parte dos dependentes será de pessoas idosas, os gastos tendem a se intensificar principalmente no campo da saúde, dada a elevação dramática de doenças crônicas. Além disso, a saída precoce dos trabalhadores da força de trabalho também corrobora para a elevação das taxas de dependência entre as gerações e o contingente da população em idade ativa já dá sinais de que a sustentabilidade do nosso sistema previdenciário, que opera no modelo contributivo e solidário – os trabalhadores ativos contribuem para manter os aposentados -, não estará garantida. Isso é preocupante porque como a percepção de renda interfere diretamente na forma como as pessoas experimentam a velhice, a qualidade de vida e o bem-estar de grande parte delas pode sofrer sério declínio no futuro, sobretudo se a velhice não tiver sido planejada a longo prazo.

3.2.2. O brasileiro não poupa para a velhice

O segundo aspecto do bônus demográfico que devemos considerar é o estímulo à poupança, que aumenta a oferta de capital. Em tese, com uma população em idade ativa – população trabalhadora – proporcionalmente maior, deve aumentar o volume de poupança. Isso ocorre porque durante o curso de vida, a fase em que os indivíduos

---

[14] Dados disponíveis na URL http://veja.abril.com.br/noticia/economia/estudo-do-ibge-comprova-bonus-demografico-do-pais, acessada em junho de 2013.

Capítulo 3 – Riscos e Oportunidades para a Economia • 71

normalmente poupam mais é a do trabalho enquanto que na velhice a tendência mais acentuada é a "despoupança" (embora isso não signifique que não haja idosos que poupem). Sobretudo em países em rápido crescimento, a poupança dos trabalhadores se dá sobre rendas bem maiores do que a "despoupança" dos que se retiram do mercado de trabalho.

No caso do Brasil e no que diz respeito ao reforço à poupança, o bônus demográfico teve uma contribuição muito pequena para o crescimento da economia brasileira ao longo das últimas décadas. O progresso foi praticamente nulo. Primeiro porque a maior parte do tempo do bônus demográfico brasileiro coincidiu com a redemocratização, período que registrou forte crescimento da carga tributária e da redução da poupança pública. Segundo porque houve um tempo em que a renda da maior parte dos aposentados se equiparava ao rendimento percebido enquanto ativos no mercado formal, o que tornou desnecessário o ciclo clássico de poupar para suavizar a renda ao longo da vida. E terceiro porque o estímulo ao consumo – fomentado pela cultura da obslescência e seguido pelo reforço da renúncia fiscal do governo para bens de consumo – vem de fato elevando a taxa de consumo das famílias e reduzindo drasticamente a taxa de poupança. As famílias deixam de poupar para poder consumir.

Uma pesquisa realizada pela Confederação Nacional da Indústria (CNI) com 2.002 participantes revelou que embora os brasileiros estejam mais preocupados com o futuro, essa preocupação está apenas relacionada à aposentadoria. De acordo com a pesquisa, o número de pessoas que contribuem com o INSS aumentou de 38% em 2007 para 55% em 2014.

A pesquisa mostrou também o comportamento de dois grupos – aposentados e não aposentados – em relação à maneira como obteriam sustento na velhice.

54% esperavam contar com a aposentadoria do INSS no futuro.

56% esperavam contar apenas com a aposentadoria do INSS

44% esperavam complementar a aposentadoria do INSS com outras fontes de renda

13% esperavam continuar trabalhando

Não aposentados

82% já contavam com a aposentadoria do INSS.

27% complementavam a aposentadoria do INSS com outras fontes de renda

20% continuavam trabalhando

72% contavam apenas com a aposentadoria do INSS

Aposentados

Figura 5: Modo de sustento dos brasileiros na velhice
Fonte: CNI, 2014a

Entre os aposentados, 82% contavam com a aposentadoria do INSS para viver – sendo que, deste total, cerca de 72% contavam apenas com essa renda e 27% a complementavam com outras fontes. No grupo, 20% dos aposentados ainda continuavam trabalhando. Já no grupo de participantes não aposentados, 54% esperavam contar com a aposentadoria do INSS como principal fonte de renda no futuro – sendo que destes, 56% acreditavam que contarão apenas com essa fonte de renda e 44% planejam complementar a aposentadoria com outras fontes, sobretudo recursos próprios. No grupo de não aposentados, 13% continuariam trabalhando para se manter na velhice e 6% dependeriam de recursos providos pelos filhos e/ou outros familiares. (CNI, 2014a).

Ao mesmo tempo que esses dados sugerem algum grau de elevação na preocupação com o padrão de vida durante a velhice, eles mostram que o percentual de idosos que deverá ter uma renda complementar à aposentadoria ou que

Capítulo 3 – Riscos e Oportunidades para a Economia

terá condições de se manter apenas com outras rendas, entre elas a poupança, é muito pequeno. Além disso, há aqueles que não terão nem aposentadoria nem outra fonte de renda e, por isso, precisarão trabalhar durante a velhice ou dependerão de recursos dos filhos para viver.

Se pela dinâmica populacional esperava-se que estivéssemos elevando a taxa de poupança no país, a dinâmica política produziu o efeito inverso: a taxa de poupança hoje é bem menor que na década de 1970. Com isso, ao contrário do que acontece nos países asiáticos, a fase laboral no Brasil não tem produzido uma poupança substancialmente maior do que a "despoupança" dos aposentados. Em outras palavras: além da aposentadoria, em geral, os idosos não fizeram reservas adicionais para a velhice enquanto trabalhavam.

O quadro se torna ainda mais preocupante devido ao fato de que 3,6% da população de idosos brasileiros não percebem qualquer tipo de renda, sendo totalmente dependentes. E 53,6% possui renda mensal *per capita* menor ou igual a um salário mínimo (IBGE, 2010), condições que, na prática, tornam praticamente inviável a poupança.

Isso sinaliza que o benefício do bônus demográfico brasileiro deve ser majoritariamente atribuível ao aumento da oferta de trabalho e não à elevação da capacidade de poupança. E como já percorremos cerca de 80% do bônus demográfico no que se refere ao aspecto dos benefícios do aumento da população em idade ativa – como vimos no tópico anterior -, é preocupante que o Brasil esteja se aproximando do fim de seu bônus demográfico também sem o prêmio esperado da elevação da poupança doméstica. E pior: o efeito direto do bônus demográfico de aumentar a oferta de trabalho e empurrar o crescimento do PIB para além do aumento de produtividade, não deve ter vida longa, pois ao contrário do que muitos pensam, vimos que o Brasil não está mais em meio ao bônus demográfico, mas sim usufruindo da parte final desse processo.

Em resumo, no ano de 2022 a janela demográfica que amplia a oferta de trabalho e – potencialmente – a poupança irá se fechar em definitivo. E não existem sinais de que até lá o Brasil consiga algo minimamente parecido com a grande arrancada asiática de 1960 a 1990 (FGV IBRE, 2011). Essa é uma situação grave, pois aponta para a necessidade de contingência entre os indivíduos que chegarão à velhice e viverão muito mais que dez anos – como acontecia no passado – sem poder contar com serviços públicos adequados nem reservas financeiras condizentes com suas demandas básicas.

3.2.3. A escolaridade aumentou, mas a qualidade da educação não

O terceiro mas não menos importante aspecto do bônus demográfico é a educação, fator crucial para a ampliação da produtividade a longo prazo. O Brasil tem vivido um período de expansão do ensino em todos os níveis educacionais desde a década de 1990. Aumentou-se o acesso ao ensino fundamental, reduziu-se a evasão escolar e elevou-se, também a cobertura da rede de ensino, tornando maior o fluxo entre os ensinos fundamental, médio e superior (CASTRO, CASTRO, LEITE, 2006 *apud* NONATO, 2012). Diferenças relacionadas ao gênero são registradas nessa fase da vida, no sentido de que as mulheres têm acumulado mais tempo de estudo do que os homens embora, na prática, isso não garanta a elas vantagem competitiva nos processos seletivos.

Em linhas gerais, é importante dizer que da perspectiva educacional, a melhoria obtida de lá para cá já provocou mudanças no perfil da força de trabalho disponível no país. Segundo NONATO *et al* (2012), a perspectiva educacional para os próximos anos sugere que o perfil da população em idade ativa no Brasil seja constituído por níveis de escolaridade cada vez altos, devido a uma permanência mais prolongada da população na escola e à expansão nos

Capítulo 3 – Riscos e Oportunidades para a Economia

níveis de ensino médio e superior. As perspectivas para a educação profissional, científica e tecnológica também são promissoras. Contudo ainda estamos longe de atingir a qualidade e o alcance adequados.

É fato que nos próximos anos o crescimento da população em idade escolar irá declinar significativamente, e isso nos leva a imaginar que, do ponto de vista do orçamento público, haverá mais recursos para a educação. No entanto, a verdade é que a taxa de crescimento da população idosa se elevará em níveis superiores ao da população total. E com isso, dado que o gasto *per capita* do Estado com cada indivíduo idoso deverá ser maior do que o gasto com uma criança, as demandas da população dependente – idosos e jovens em idade escolar – pressionará os gastos públicos. Se considerarmos os orçamentos com educação, saúde e previdência, o regime demográfico elevará dramaticamente esses gastos. E como já estaremos no fim do período da transição demográfica, não poderemos mais contar com o efeito positivo do aspecto do aumento da população em idade ativa nem mesmo com o benefício da poupança doméstica.

Em suma, se a transição demográfica não for acompanhada de elevação do esforço educacional, o bônus demográfico não poderá incluir maior oferta de educação. E se não houver maior oferta de educação, não haverá mão de obra qualificada para ocupar as vagas abertas pelo aumento da oferta de trabalho. De acordo com NONATO *et al* (2012), "o desempenho de nossos jovens em avaliações de larga escala tem sinalizado que, não obstante alguns avanços observados ao longo do tempo, a força de trabalho brasileira ainda deverá por muito tempo apresentar carências significativas de habilidades e competências demandadas no mundo do trabalho" (NONATO *et al.*, 2012).

Para Berquó, uma das maiores demógrafas brasileiras, pesquisadora emérita do CNPq-2013 e coordenadora da Área de População e Sociedade do Centro Brasileiro de Análise e Planejamento, o país não aproveita a oportunidade única e histórica de educar melhor crianças e jovens para fazer frente aos desafios que virão no futuro com o envelhecimento populacional cada vez mais acelerado. À medida que passamos a ter menos jovens, deveríamos dispor de melhores escolas. Mas isso não tem ocorrido no Brasil, "o jovem está sendo mal aproveitado. Não à toa estamos começando a importar engenheiro, médico. E o que fazer quando a população envelhecer? Ao mesmo tempo, não se pode pensar que todo o mundo deva fazer uma faculdade. Um carpinteiro precisa ter o mesmo respeito e a mesma chance de vida digna do que um engenheiro. Investir em ensino profissionalizante pode ser uma boa resposta para isso" (BERQUÓ, 2013).

Ainda em termos educacionais, como o envelhecimento populacional fará com que o perfil da força de trabalho se altere, passando a ser composto por indivíduos mais velhos, o país se verá diante de um novo desafio: a necessidade de pensar a educação sob a perspectiva da longevidade, um dos pilares para o envelhecimento ativo. Desta forma, em relação à educação existem dois grandes desafios para garantir a disponibilidade de mão de obra qualificada no país e mitigar os efeitos negativos do envelhecimento populacional. O primeiro, e mais óbvio, é garantir a melhoria da qualidade da educação aos futuros entrantes no mercado de trabalho: os jovens. E aqui estou falando de todo tipo de experiência educacional que desenvolva habilidades e competências para a nova realidade demográfica, o que inclui até mesmo o desenvolvimento da habilidade para relacionamentos intergeracionais no ambiente organizacional. E o segundo desafio é promover uma visão sistemática na qual seja consenso que uma população em processo de envelhecimento em massa precisa ter acesso à educação durante todo o seu curso de vida e não apenas no período tradicional de aprendizado, que se encerra na faixa dos 16 aos 25 anos de idade, quando o indivíduo ainda é jovem.

O acesso a oportunidades de formação ao longo da vida influencia a expectativa dos indivíduos em relação a suas fontes de renda na velhice. Na pesquisa do CNI, entre os brasileiros não aposentados que possuíam educação superior, 36% pretendiam garantir seu sustento na velhice com recursos próprios e 18% com complemento de uma previdência privada. Esses percentuais declinavam juntamente com o grau de instrução dos entrevistados, chegando a 12% e 2%, respectivamente, quando a pergunta era feita aos participantes que haviam cursado até a quarta série do ensino fundamental.

Além disso, ensinar uma sociedade a envelhecer com resiliência, prevenindo determinados males da velhice e otimizando suas potencialidades, significa reduzir os gastos públicos com saúde para esta fatia da população no futuro e aumentar as chances de ter uma força de trabalho composta por mais indivíduos idosos dotados de plena capacidade laboral. No que tange ao bônus demográfico, enquanto países como EUA, Japão, Cingapura, Coreia do Sul, China, Taiwan e parte da Europa fizeram um bom aproveitamento de suas respectivas oportunidades, principalmente pelos investimentos realizados em educação e estímulo à economia (FGV IBRE, 2011), o Brasil não está avançando tanto quanto deveria na educação dos jovens que irão compor a força de trabalho em um futuro breve. E menos ainda no que tange às iniciativas referentes a trabalho e educação na velhice. Como resultado, parece escrever mais uma história de desperdício, desta vez, dos benefícios do seu bônus demográfico, pois sem educação estaremos fadados ao fracasso na gestão do fenômeno do envelhecimento da população brasileira.

Capítulo 4

A Gestão da Força de Trabalho e das Políticas Públicas

A economia global da inovação em redes de conhecimento do século XXI está estruturada sobre a disponibilidade de capacidades intelectuais, competências humanas e energia física da força de trabalho (LEIBOLD & VOELPEL, 2006). O problema é que a disponibilidade desses recursos está ameaçada pela transição etária, pois parte significativa da população em idade ativa – que compõe a força de trabalho disponível do país – está envelhecendo, alcançando idades para aposentar-se e retirando-se do mercado. Há os que permanecem por tempo prolongado, mas sobre a produtividade e as expectativas desses trabalhadores ainda se sabe muito pouco.

Alguns autores afirmam que somente as sociedades mais desenvolvidas estariam enfrentando este problema, pois a economia do conhecimento não é realidade em países menos desenvolvidos, cujas economias ainda são preponderantemente baseadas em atividades informacionais, industriais e agrárias. Mas esta é uma controvérsia que não pretendo explorar aqui, pois o Brasil já iniciou sua trajetória rumo à construção de uma economia mais intensiva em conhecimento. Neste capítulo, vamos nos concentrar nas consequências do envelhecimento da força de trabalho e seu impacto nas políticas públicas.

4.1. A configuração da força de trabalho das próximas décadas

Para os especialistas em inovação e modelos de gestão estratégica para a competitividade global, LEIBOLD & VOELPEL (2006), o envelhecimento da população se desenha com base em três realidades demográficas e também três mudanças de atitude da sociedade contemporânea.

Tabela 1: Influências das realidades demográficas	
Aspecto demográfico	Mudanças
Declínio das taxas de fecundidade	Com a constante queda dos níveis de fecundidade, inúmeros países atingiram índices abaixo dos níveis de reposição, e isso tem impacto direto na composição da população e da força de trabalho e, portanto, tem se tornado preocupação de governos e empresas no mundo inteiro.
Aumento da longevidade humana	O impacto deste fenômeno está mudando dramaticamente o conceito de vida e trabalho, tornando cada vez mais recorrentes as discussões relacionadas a questões como a diferença entre meia-idade e velhice, a capacidade laboral dos trabalhadores mais velhos e até quando esses trabalhadores conseguem manter sua capacidade de aprendizado e busca por novos desafios.
A chegada da geração *baby boomer* à aposentadoria	Por sua expressão quantitativa, esta geração ditou tendências e remodelou padrões de vida e comportamento, e foi responsável pela produtividade e a inovação em décadas passadas. Agora que ela chega em massa à aposentadoria, a grande pergunta é: como as organizações irão sustentar esse êxodo de competências, experiências e conhecimento tácito sobre relacionamento com cliente?

Essas três realidades demográficas determinam a chamada 'onda de envelhecimento', uma transformação sem precedentes na distribuição etária da população, que provoca sérias alterações na composição da força de trabalho, determinando seu movimento de crescimento ou encolhimento. O Gráfico 8 mostra a dinâmica de evolução da força de trabalho em alguns países que já enfrentam a onda de envelhecimento:

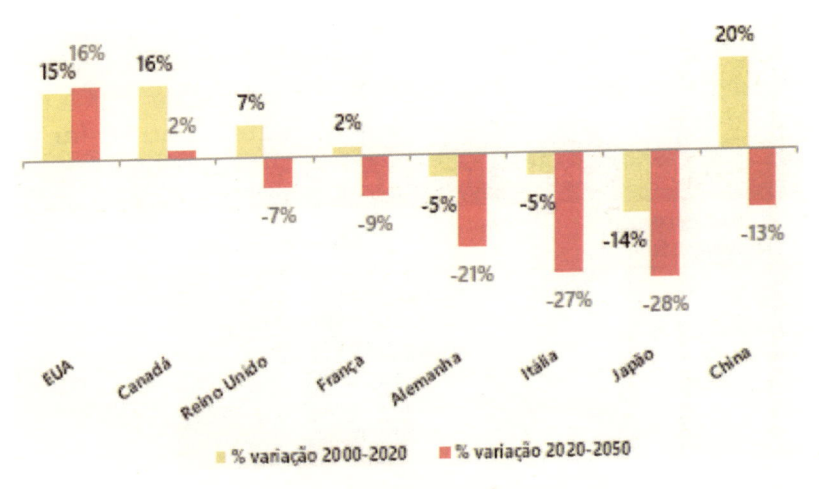

Gráfico 7: Percentual de variação da população em idade ativa (20-64 anos)
Fonte: U.S. Census Bureau International Data Base; Leibold&Voepel, 2006

Como mostra o Gráfico 8, se as projeções se confirmarem para o período considerado, o Canadá ainda perceberá um pequeno crescimento em sua força de trabalho. O Reino Unido terá em 2050 o mesmo número de trabalhadores em idade ativa que teve no ano 2000. Enquanto isso, a não ser que ocorram alterações radicais nas taxas de fecundidade ou de imigração, a força de trabalho da Alemanha em 2050 terá sido reduzida em cerca de 25% em relação a 2000, a da Itália em aproximadamente 30% e a do Japão em cerca de 38% (LEIBOLD & VOELPEL, 2006).

Em termos de disponibilidade de mão de obra propriamente dita, uma simulação realizada pela BCG, empresa global de consultoria em gestão de recursos humanos, com dados sobre oferta e demanda de trabalho das quinze maiores economias do mundo – que juntas representam mais de 70% do PIB mundial – sugere que no ano de 2020, quatro delas já estarão experimentando algum nível de escassez de mão de obra, incluindo o Brasil, que terá um déficit de -7%. A Figura 6 mostra os percentuais projetados para cada um desses países. A cor azul indica um excedente de mão de obra, a cor vermelha indica déficit de mão de obra, e a cor cinza representa aquelas que estarão em situação limítrofe.

		2020	2030
EUROPA	França	6%	-1%
EUROPA	Alemanha	-4%	-23%
EUROPA	Itália	8%	-4%
EUROPA	Espanha	17%	-3%
EUROPA	Reino Unido	6%	-1%
EUROPA	Rússia	-5%	-24%
AMÉRICAS	Brasil	-7%	-33%
AMÉRICAS	Canadá	3%	-11%
AMÉRICAS	México	6%	-8%
AMÉRICAS	USA	10%	4%
ÁSIA-PACÍFICO	China	7%	-3%
ÁSIA-PACÍFICO	Índia	6%	1%
ÁSIA-PACÍFICO	Indonésia	5%	0%
ÁSIA-PACÍFICO	Japão	3%	-2%
ÁSIA-PACÍFICO	Coreia do Sul	-6%	-26%

Figura 6: Crise global da força de trabalho
Fonte: Rainer Strack, The workforce crisis in 2030 – and how to begin solving it now?

Em 2020, Itália, França e EUA ainda poderão dispor de um excedente de mão obra, mas este cenário mudará severamente em 2030, quando doze das quinze maiores economias do mundo apresentarão déficit de mão de obra que deverão ultrapassar os -30%. Três dos quatro países do BRICS – China, Brasil e Rússia – enfrentarão uma crise na força de trabalho. E tente acertar quem será o dono do maior déficit? Segundo a projeção, entre os quinze países avaliados o Brasil registrará o maior déficit de mão de obra qualificada, declinando aos -33% nesse ano.

Não é difícil entender o porquê. No Brasil, a diminuição na participação da força de trabalho se inicia por volta dos 40 anos de idade e segue uma tendência de forte declínio a partir dos 50 anos de idade. Parte disso é resultado das políticas de incentivo à aposentadoria precoce fortemente praticadas no passado. O Gráfico 6 mostra a dinâmica da participação na força de trabalho por idade e coorte de nascimento no país:

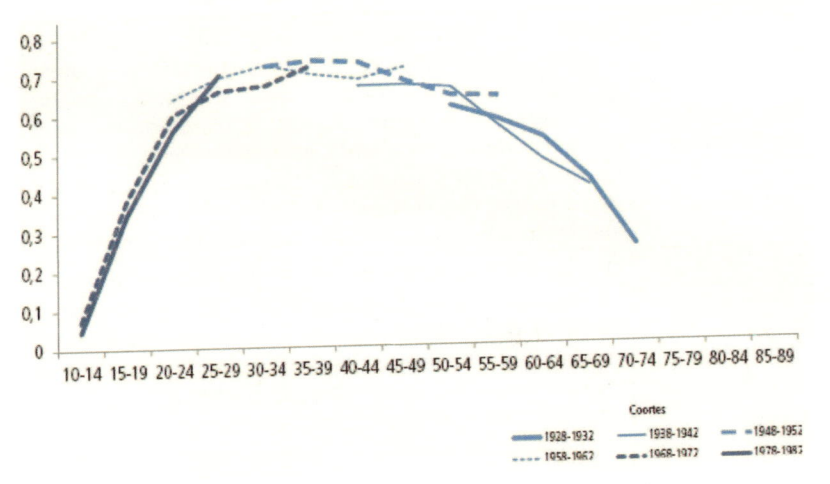

Gráfico 8: Trabalhadores formais, por idade e coorte de nascimento: apenas assalariados (em %)

Fonte: IPEA, 2012.

Com o tempo essa prática começou a se mostrar insustentável, principalmente frente à nova configuração etária da força de trabalho, até mesmo nos países desenvolvidos, que já enfrentam a inversão do perfil etário da força de trabalho há mais tempo. Apesar da elevação da expectativa de vida da população brasileira, que já se aproxima da dos países desenvolvidos, a idade média de aposentadoria em todo o país é muito baixa para padrões internacionais: apenas 53 anos. Na Europa, a média é sete anos maior, sendo que, em alguns países, a idade mínima para a aposentadoria é de 62 anos (CNI, 2014).

Além das forças demográficas, mudanças de atitudes da sociedade também estão contribuindo para reconfigurar a força de trabalho, fazendo com que sua natureza no século XXI difira da do século anterior.

Tabela 2: Influências das mudanças de atitude da sociedade	
Atitude	Mudanças
Em relação ao trabalho	Antes visto como rigidamente prescrito, repressivo e baseado em muito esforço físico, em diversos setores, o trabalho começa a ser visto como aberto, criativo, de valor agregado e compartilhado. O século do trabalho em redes de conhecimento está muito mais centrado em conhecimento e inovação e, até mesmo, alguns tipos de empregos que requerem tarefas braçais começam a ser desenhados para oferecer oportunidades criativas.
Em relação à vida	O valor e o significado da vida estão se transformando na sociedade. Isto porque com a melhoria do padrão de vida e a habilidade de satisfazer às suas necessidades básicas, condição alcançada em muitas nações, os indivíduos passaram a enxergar o trabalho como um agregador de valor para a vida, que deve fazer diferença significativa na sociedade, transformando o antigo conceito de viver para trabalhar em trabalhar para viver.
Em relação à idade	O conceito de idade cronológica avançada está se deslocando. Em 1950, uma pessoa era considerada velha aos 60, enquanto em 2005 está idade se elevou para os 70, aproximadamente. Cada vez mais vemos líderes políticos e corporativos, educadores respeitados, cientistas de renome e outros profissionais permanecerem ativos em seus trabalhos até cerca de 90 anos. A associação do avanço da idade cronológica com o encerramento da carreira e das atividades cotidianas se dissolverá gradualmente.

E como resultado desta transformação, nas próximas décadas teremos uma força de trabalho caracterizada por ser:

a. **Mais velha em termos de idade cronológica:** o percentual de trabalhadores mais velhos está crescendo significativamente e, influenciado pela expectativa de vida cada vez mais alta e as taxas de fertilidade cada vez mais baixas, o contingente de trabalhadores com mais 55 anos irá representar uma população cada vez maior da força de trabalho disponível. Em curto prazo, a força de trabalho será caracterizada pela multigeracionalidade. Mas já nas próximas décadas, as organizações não mais poderão ignorar a presença deste grupo no mercado, pois precisarão não apenas do quantitativo de indivíduos dessa coorte como também de sua proficiência e engajamento.

b. **Limitada em disponibilidade e em competências-chave:** a força de trabalho irá crescer lentamente ou declinar. E se as operações continuarem baseadas em modelos antigos, mesmo considerando as novas tecnologias substitutivas, isso fará com que o crescimento industrial seja restringido pelo trabalho, porque estima-se que a força de trabalho se torne deficiente em talentos mais demandados pela indústria, havendo escassez de habilidades-chave e excesso de habilidades menos estratégicas. Quando ocorre uma retirada em massa de trabalhadores de determinada área do mercado em função da aposentadoria e aquela área não possui profissionais em idade ativa e com habilidades-chave para o desempenho das mesmas funções, de maneira que eles supram a demanda surgida pela necessidade de ocupação dos cargos que foram deixados em aberto pelos aposentados, o resultado é que a falta de profissionais dura longos anos, até que o *gap* de mão de obra seja coberto.

c. **Fisicamente dispersa:** com suporte dos avanços tecnológicos, o trabalho poderá cada vez mais ser realizado em qualquer lugar, a qualquer hora, sem a necessidade de um ponto fixo e cargas horárias a serem cumpridas diariamente. Isso fará com que a gestão da força de trabalho pareça muito mais uma gestão de clientes, uma vez que será necessário desenvolver relacionamentos, criar lealdade e manter constantemente ativas as conexões com os trabalhadores.

d. **Disposta a reinventar a vida e o trabalho:** graças ao aumento da longevidade e as melhorias em saúde e qualidade de vida, um número cada vez maior de indivíduos conseguirá usufruir do que KALACHE (2013) chamou de *gerontolescência*. Esse período entre a fase adulta da vida e a velhice terá duração de cerca de 20 a 30 anos e será um campo fértil para a criatividade, a inovação e as contribuições das oportunidades de extensão de uma vida profissional produtiva.

e. **Diversificada em termos de valores e expectativas ou pretensões em relação ao trabalho:** a percepção de valor e os objetivos em relação ao trabalho estão se tornando cada vez mais diversas entre os indivíduos que compõe a força de trabalho. Os indivíduos têm buscado recompensas diferentes daquelas tradicionalmente oferecidas pelos empregadores pelo seu trabalho e, principalmente, trabalhadores que chegam à meia-idade tendem a reavaliar o impacto do seu trabalho no mundo e muitas vezes disparam processos de repriorização de valores idealistas formulados em sua juventude. Como vivem mais, os indivíduos começam a ter condições de questionar a coerência e a adequação do caminho escolhido e, acima de tudo, a se reinventar, optando em muitos casos por abandonar o mundo corporativo das grandes empresas e movendo-se em direção a outros tipos de negócios. Essa diversidade será uma das características mais importantes do ambiente de trabalho neste século, fazendo com que as organizações tenham que desenvolver respostas para as diferentes necessidades de seus empregados.

f. **Pressionada pela demanda por assistência a familiares:** em um cenário em que nem os sistemas de prevenção nem os de proteção social funcionam de acordo a atender minimamente as demandas de saúde e bem-estar de uma população que cresce rapidamente em número de pessoas idosas, a responsabilidade de cuidar dos pais que vão se tornando progressivamente dependentes de terceiros para a realização das atividades da vida diária – particularmente devido à ocorrência de doenças crônicas – tende a recair exclusivamente sobre a família, sobretudo os filhos. E por que isso importará tanto para as empresas? Simples. Porque se mais idosos (pais) se tornam dependentes e mais filhos em idade ativa precisam oferecer cuidados especiais aos pais e não possuem acesso a redes de apoio para isso, mais os níveis de produtividade, criatividade e absenteísmo serão negativamente impactados nas organizações, fazendo com que o ônus de uma sociedade que envelhece tenha que ser dramaticamente compartilhado entre trabalhadores e empregadores.

O resultado da combinação de todas essas transformações é que a competição global por trabalhadores qualificados e talentos criativos aumentará gradualmente, o que alguns especialistas chamam de crise da força de trabalho. Tal cenário tende a se agravar porque a maior parte das instituições não está preparada para gerenciar esse processo. As poucas organizações que já despertaram para os desafios que estão sendo impostos pelo envelhecimento populacional no campo do trabalho estão desenvolvendo iniciativas circunscritas a treinamento tecnológico e planos de sucessão. E um número ainda menor tem planos estratégicos efetivos para lidar com uma possível onda de aposentadorias antecipadas (LEIBOLD & VOELPEL, 2006) e intensificação de conflitos intergeracionais, por exemplo.

4.2. Por que os desafios já são críticos agora?

Talvez você esteja se perguntando se realmente faz sentido enfatizar as discussões sobre a presença de trabalhadores mais velhos no mercado de trabalho, se a dinâmica de atração das empresas está direcionada aos jovens. Por isso, aí vai um alerta: acreditar que discussão acerca do impacto do envelhecimento da população sobre a força de trabalho, sobretudo a presença continuada dos trabalhadores mais velhos na força de trabalho pode ser postergada é uma armadilha que as organizações brasileiras precisam evitar a qualquer custo. Em diversos países, estima-se que o contingente de trabalhadores com idades entre 35 e 44 anos, que normalmente estaria avançando para níveis sênior de gestão, em 2010, não apenas deixe de crescer, como também decline a 19% nos EUA, 27% na Alemanha, 19% no Reino Unido, 9% na Itália, 10% no Japão e 8% na China. Paradoxalmente, trabalhadores com idades entre 55 e 64 anos irão representar progressivamente enormes proporções da força de trabalho no mundo industrializado, chegando a saltos de crescimento de até 52% (LEIBOLD & VOELPEL, 2006).

No Brasil, estima-se que a população com idades entre 15 e 49 anos apresente uma diminuição em termos absolutos de cerca de 20% e que a população de 50 anos ou mais aumente 2,4 vezes no período 2010-2050, representando aproximadamente metade da população em idade ativa no ano de 2050 (IPEA, 2014).

Apesar de o horizonte de impacto dessa transformação demográfica parecer distante o suficiente para que se possam postergar as intervenções na gestão de pessoas e na forma como o trabalho é organizado, os desafios do encolhimento da força de trabalho já são críticos, hoje, pelo simples fato de que as empresas não estão prontas para lidar com a convergência de quatro das maiores ameaças que impactam simultaneamente a força de trabalho no século XXI:

A competição por talentos e habilidades de uma força de trabalho em acelerado ritmo de envelhecimento

O aumento da competição global por talentos ocorre no nível das nações, das indústrias e dos negócios. A crescente demanda tem sido por profissionais da área de saúde, educação, pesquisa e desenvolvimento. No caso da indústria, a competição tem se dado principalmente por profissionais do conhecimento, como serviços financeiros, tecnologia da informação, transporte e logística. Em relação ao nível de negócios, em geral, devem emergir novas práticas desenvolvidas por companhias inovadoras que enfrentam a escassez de habilidades, como novas práticas de recrutamento, políticas de retenção, planejamento da composição da força de trabalho a longo prazo e soluções inovadoras em termos de aposentadoria.

Alguns países precisam contratar mão de obra qualificada originária de outros países, e isso concorre para a geração de sérios conflitos políticos internos. EUA, Japão e vários países da Europa já estão precisando competir por mão de obra qualificada e têm investido na absorção e no desenvolvimento da mão de obra originária de países menos desenvolvidos, onde a remuneração pelo trabalho executado é relativamente menor. As políticas de imigração também começam a ser revistas, e a entrada de trabalhadores originados de outros países começa a ser incentivada para atender à escassez de mão de obra em determinadas áreas do conhecimento.

Uma pesquisa realizada pela BCG com 200 mil candidatos a empregos de 189 países revelou que mais de 60% deles estavam dispostos a trabalhar fora de seu país de origem, principalmente os trabalhadores jovens, com idades entre 21 e 30 anos. Os países onde a mobilidade é menor são Rússia, Alemanha e EUA. E os destinos preferidos dos trabalhadores são EUA (42%), Reino Unido (37%), Canadá (35%), Alemanha (33%), Suíça (29%), França (29%) e Austrália (28%).

A pressão pela inovação devido à necessidade de reinventar produtos e serviços na economia global do conhecimento

De uma economia de base industrial a uma economia do conhecimento em redes, principalmente nos países desenvolvidos, há urgência por inovação. Com o encolhimento e o envelhecimento da força de trabalho, a pressão para manter e expandir a capacidade de inovação nos negócios tende a se tornar mais agressiva. As companhias precisarão encontrar novos mecanismos para regenerar, reenergizar e estimular intelectualmente a força de trabalho em envelhecimento, a fim de evitar a perda de competitividade e sustentabilidade.

O escalonamento dos custos

Os gastos para atrair e reter profissionais qualificados estão se elevando muito rapidamente. Nas últimas duas décadas era bastante comum ouvir pelos corredores das organizações as palavras *downsizing*, *outsourcing*, reengenharia, *lean*. Entretanto, estes e outros métodos utilizados especificamente para cortar custos não mais atenderão às novas demandas, pois estamos entrando em uma era em que o escalonamento de custos com recursos humanos qualificados será inevitável, uma questão de demanda e oferta. Em pesquisa divulgada pelo IPEA em 2014, 88% das empresas participantes já apontaram o custo da mão de obra e regulação trabalhista como o segundo fator que mais prejudicou a competitividade das empresas nos últimos cinco anos, perdendo apenas para a carga tributária no país (IPEA, 2014).

Além disso, uma força de trabalho que envelhece requer uma gestão focada em investimentos diferenciados, como programas de saúde, educação continuada, suporte tecnológico apropriado, incentivos para retenção e regeneração, treinamento e desenvolvimento. E se isso, por um lado, significa elevação dos gastos, por outro, requer a concepção de novos modelos mentais que façam os gestores perceberem esse tipo de mudança como investimento e não mais como custo.

As novas relações de sentido entre trabalho e vida, que têm provocado mudanças de valores e estilos de vida na sociedade

A percepção sobre o tempo e o lugar do trabalho na vida tem apontado para mudanças de atitudes, no sentido de que trabalhadores já não querem apenas a remuneração financeira nem o trabalho no papel de fim em si mesmo, mas sim de meio para experiências enriquecedoras e variadas, que tenham valor agregado tanto para as organizações quanto para eles próprios. Um novo paradigma, que tem foco no estilo de vida que tenha um valor agregado com sentido pessoal, está emergindo. A pesquisa da BCG com 200 mil candidatos a empregos revelou que de uma lista de 26 características buscadas por eles, ao contrário do que se podia imaginar, ter um salário atraente ocupava apenas a 8ª posição no *ranking*. Os quatro tópicos principais estavam relacionados à cultura: ter um bom relacionamento com o chefe (4ª); desfrutar um melhor balanceamento entre vida pessoal e trabalho (3ª); ter um ótimo relacionamento com os colegas (2ª); e a principal prioridade mundial era ser admirado pelo seu trabalho (1ª).

Contudo, grande parte das companhias tem se mantido rígidas em seus propósitos e práticas convencionais de recrutamento, de remuneração, de políticas de sucessão e aposentadoria. O desafio é perceber o quanto antes a urgência de adaptar esses padrões de gestão e adotar novos métodos que atendam às demandas do século XXI, frente à alta competição por mão de obra qualificada.

4.3. Como o envelhecimento da força de trabalho afetará as políticas públicas?

Impactos marcantes na força de trabalho refletem na economia. Como classificam Leibold & Voelpel (2006), a natureza, o tempo e a extensão dos impactos do envelhecimento da força de trabalho sobre a economia são moldados por uma série de variáveis, que se apresentam assim:

As condições econômicas e a taxa de criação de empregos ditam a demanda por trabalhadores. **Os ganhos de produtividade** reduzem a demanda por mão de obra. O avanço dos fluxos de informação e automação permite que as companhias produzam mais com menos empregados e, por isso, os economistas não mais associam o crescimento da economia ao crescimento da força de trabalho, como faziam no passado, quando o trabalho era centrado em manufatura e trabalho manual. O aumento da produtividade pode reduzir em algum grau a escassez de trabalhadores, mas o problema é que existe um teto para o ganho de produtividade em algumas indústrias.

A exportação de serviços via rede é capaz de mitigar a redução da capacidade de trabalho. Graças à possibilidade de realizar inúmeros tipos de trabalho à distância, em qualquer parte do mundo, a exportação do trabalho torna-se possível e tem se elevado bastante.

As políticas de imigração, que incluem a quantidade de vistos de trabalho direcionados a trabalhadores qualificados, também afetará a disponibilidade de mão de obra. Nesse sentido, apesar das restrições à entrada de imigrantes, os EUA estão à frente de alguns países da Europa e da Ásia onde as taxas de fecundidade já se reduziram a níveis abaixo dos índices de reposição, mas o controle de entrada de estrangeiros é ainda mais rígido. Na Europa, a Alemanha sozinha precisará de cerca de um milhão de imigrantes em idade ativa para manter sua força de trabalho (BAKER, 2002 *apud* LEIBOLD & VOELPEL, 2006).

As taxas de participação na força de trabalho afetarão a disponibilidade de mão obra. Quanto maior for o número de indivíduos, em idade ativa ou não, que decidirem trabalhar, maior será a força de trabalho. Nesse sentido, abre-se uma excelente oportunidade para o aproveitamento da mão de obra dos trabalhadores mais velhos e isso se estende dos que estão na iminência de uma aposentadoria precoce aos que já se aposentaram, desde que sejam adotadas novas formas de reter esse contingente específico de trabalhadores.

A educação, pois não é apenas o número de trabalhadores, mas as habilidades e competências que realmente contam para o preenchimento de quase toda nova vaga de trabalho aberta. As demandas tecnológicas, mesmo para trabalhadores entrantes no mercado, crescem cada vez mais. E a maioria dos cargos de níveis de gerência, profissional e técnico demandam educação extensiva, treinamento por demanda, pensamento independente e capacidade de tomar decisões e agir por conta própria. Não é por acaso que a educação é apontada como o principal fator a impactar negativamente a produtividade das empresas, segundo pesquisa realizada pelo IPEA. O Gráfico 10 mostra apenas o resultado da indústria de transformação, classificada segundo intensidade tecnológica do setor, e as empresas de serviços intensivos em conhecimento:

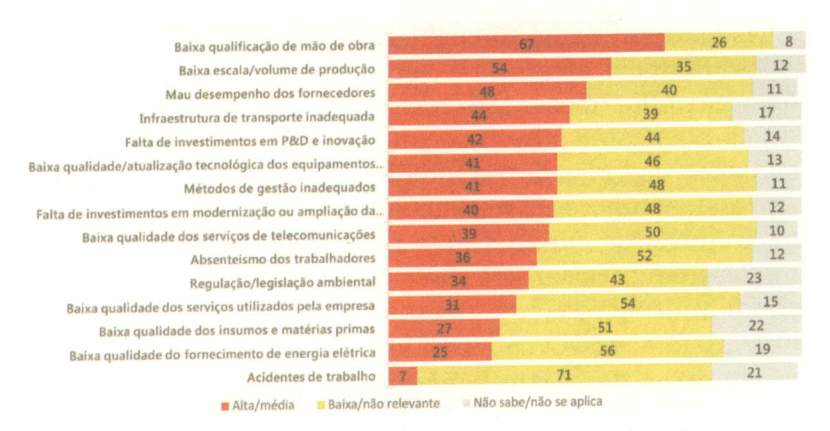

Fator	Alta/média	Baixa/não relevante	Não sabe/não se aplica
Baixa qualificação de mão de obra	67	26	8
Baixa escala/volume de produção	54	35	12
Mau desempenho dos fornecedores	48	40	11
Infraestrutura de transporte inadequada	44	39	17
Falta de investimentos em P&D e inovação	42	44	14
Baixa qualidade/atualização tecnológica dos equipamentos...	41	46	13
Métodos de gestão inadequados	41	48	11
Falta de investimentos em modernização ou ampliação da...	40	48	12
Baixa qualidade dos serviços de telecomunicações	39	50	10
Absenteísmo dos trabalhadores	36	52	12
Regulação/legislação ambiental	34	43	23
Baixa qualidade dos serviços utilizados pela empresa	31	54	15
Baixa qualidade dos insumos e matérias primas	27	51	22
Baixa qualidade do fornecimento de energia elétrica	25	56	19
Acidentes de trabalho	7	71	21

Gráfico 9: Grau de importância dos fatores que prejudicaram a produtividade nos últimos cinco anos (em %)
Fonte: Adaptado da Enquete Desafios da Produtividade, IPEA, 2014

A pesquisa mostra que a qualificação da mão de obra também foi o fator que mais prejudicou a produtividade das empresas nos últimos cinco anos em todos os outros grupos de setores econômicos analisados, com exceção das empresas dos setores industriais de alta intensidade tecnológica. Além da área de negócios, que cresce bastante gerando novas vagas, áreas que demandam engenheiros, enfermeiros, médicos e cuidadores, e cargos de nível técnico e profissional já demonstram enfrentar escassez de mão de obra qualificada no Brasil.

Definitivamente o mundo do trabalho será fortemente impactado pela nova configuração etária de populações do mundo inteiro, se as projeções[15] e previsões[16] demográficas continuarem se confirmando. A reconfiguração etária de sua força de trabalho desencadeará ainda uma série de outros acontecimentos que precisarão ser gerenciados de maneira eficaz dentro e fora das empresas, sob pena de causar sérios danos não apenas aos próprios empregadores, mas também à economia e aos trabalhadores.

---

[15] Entende-se por projeção de população o conjunto de resultados provenientes de cálculos relativos à evolução futura de uma população, partindo-se usualmente de certos supostos com respeito ao curso que seguirá a fecundidade, a mortalidade e as migrações. (IBGE, 2006).

[16] Previsão demográfica ou projeção preditiva é uma projeção de população baseada em hipóteses muito prováveis sobre o comportamento futuro dos fenômenos demográficos (IGBE, 2006).

4.4. Viver mais, trabalhar mais. Teremos que trabalhar para sempre?

O envelhecimento da força de trabalho é daqueles acontecimentos que inevitavelmente provoca mudanças disruptivas na vida de trabalhadores e sociedades inteiras. Por algum tempo, a aposentadoria precoce dos trabalhadores foi estimulada em países do mundo inteiro porque esteve ligada ao desejo de expurgar do mercado de trabalho aqueles que teriam perdido sua capacidade laboral e empregar trabalhadores mais jovens em busca de emprego. No ano 2000, aproximadamente 90% dos homens com idades inferiores a 50 anos estavam ativos no mercado de trabalho na França, nos EUA, na Suíça e no Reino Unido. Em contrapartida, analisando o contingente de trabalhadores homens com 60 anos de idade, este percentual declinava drasticamente, passando para 40%, 67%, 70% e 48%, respectivamente (SARGEANT, 2006).

Hoje, já está claro que um dos grandes desafios que o novo regime demográfico impõe é a necessidade de incentivar a permanência prolongada dos trabalhadores de idade mais avançada no mercado de trabalho, como forma de mitigar não apenas a escassez de mão de obra qualificada, mas também o colapso da previdência social. Mudanças nas regras de elegibilidade e do cálculo do benefício da aposentadoria têm sido adotadas em diversos países desenvolvidos à medida em que a expectativa de vida se eleva, como estratégia para equilibrar as contas da previdência social. Vejamos na Tabela 3 as medidas adotadas em países da OCDE em relação à aposentadoria:

Tabela 3: Intervenções de países da OCDE em relação à idade de aposentadoria – 1997 a 2013		
Países que aumentaram as idades de aposentadoria para ambos os sexos	Áustria	Em 2000, o plano de aposentadoria requeria idade mínima de 60 anos para homens e 55 para mulheres e, em 2003, tinha alcançado 65 e 56,5, respectivamente. E os acréscimos vêm ocorrendo gradualmente entre 2004 e 2013.
	Dinamarca	O plano de pensão nacional oferecia um benefício para pessoas com idades entre 50 e 59 anos que ficavam desempregadas e haviam contribuído nos últimos 30 anos. O programa foi cancelado para entrantes e teria sido completamente encerrado em 2006.
	Finlândia	Em 2005, aumentou a idade de aposentadoria de 60 para 62 anos e aboliu a aposentadoria antecipada aos 58.
	Alemanha	Nos anos 80, era possível se aposentar aos 60, 63 ou 65. Entre 2001 e 2012 ocorreram mudanças que nivelaram a idade em 62 anos, permitindo temporariamente a idade de 60 anos para algumas coortes de nascimento.
	Grécia	Estabeleceu a aposentadoria aos 65 para trabalhadores de ambos os sexos que entraram no mercado de trabalho a partir de 1993 e, em 58, no ano 2000, para trabalhadores de longa data.
	Itália	A aposentadoria está associada ao tempo trabalhado, que vem se elevando desde 1999, e alcançou os 37 anos em 2002 e os 40 anos em 2008.
	Nova Zelândia	Elevou a idade de aposentadoria de 60 em 1991 para 65 em 2001.
	Suécia	Reformou seu sistema de pensão em 1999, elevando a idade de aposentadoria de 60 para 61 anos, uma transição fácil.

Tabela 3: Intervenções de países da OCDE em relação à idade de aposentadoria – 1997 a 2013 (cont.)

Países que equalizaram as idades de aposentadoria entre homens e mulheres	Austrália	Desde 1995, a idade de aposentadoria por idade para as mulheres foi sendo elevada em 6 meses a cada dois anos, até chegar a 65 em 2013.
	Áustria	Alterada pela legislação em 1992, a elevação da idade de aposentadoria para mulheres entrará em vigor em 2018 e até 2034 terá passado de 56.5 para 61.5, a mesma dos homens.
	Japão	Neste país, a elevação teve início em 1985. Ao longo de quinze anos passou de 55 para 60, em 2000, igualando-se à idade para o homem. A partir daquele ano, ambas as idades para homens e mulheres iniciaram o movimento de elevação para 65 anos.
	Portugal	De 1994 a 1999, Portugal elevou de 62 para 65, equalizando as idades de aposentadoria para homens e mulheres desde então.
	Suíça	Inicialmente, decidiu não operar a equalização etária, apenas elevando a idade de aposentadoria para mulheres de 62 a 64 em 2005. A idade para homens é de 65. Em 2004, um referendo tentou aprovar a elevação da idade de aposentadoria para mulheres a 65, com efeito a partir de 2009, mas a proposta foi rejeitada.
	Reino Unido	Atualmente é de 65 para homens e 60 para mulheres. Mas iniciou gradual elevação em 2010 e em 2020 a idade para mulheres terá alcançado os 65 anos, igualando-se à dos homens.

Tabela 3: Intervenções de países da OCDE em relação à idade de aposentadoria – 1997 a 2013 (cont.)		
Países que estabeleceram idades maiores do que 65 para a aposentadoria	Dinamarca	A idade estabelecida é de 65, podendo chegar a 67 em alguns casos.
	Islândia	A aposentadoria fica disponível aos 65 anos de idade.
	Irlanda	Entre 65 e 66 anos de idade.
	Holanda	A idade é 65 anos, há possibilidade de aposentadoria proporcional aos 60 anos.
	Noruega	Aos 67 anos, com possibilidade de 62 anos.

Fonte: Adaptado de CHEN & TURNER (2007)

Como podemos observar na Tabela 1, países que experimentaram a transição etária antes do Brasil providenciaram sucessivas reformas em suas políticas etárias para a aposentadoria. Como lembram (CHEN & TURNER, 2007), em 1982 o Conselho das Comunidades Europeias recomendou que os formuladores de políticas públicas para a aposentadoria seguissem três princípios: o afrouxamento das regras que estabeleciam as idades para a aposentadoria, a redução gradual do tempo de trabalho durante os anos que precediam a aposentadoria e o aumento da liberdade de executar trabalho remunerado para aqueles que percebiam uma pensão por idade. Em 1999, a Comissão Europeia planejava "encontrar formas e meios de reverter as tendências da aposentadoria precoce dos trabalhadores, estudar novos modelos de aposentadoria gradual, e aumentar a viabilidade e a flexibilidade dos esquemas de pensão". Também convidou os estados membros para "promover treinamento permanente e modelos de trabalho flexíveis" (Reday-Mulvey, 2000 apud CHEN & TURNER, 2007). Países como Austrália, Bélgica, Suíça e Reino Unido elevaram as idades mínimas para a aposentadoria antecipada. Além disso, políticas de direitos humanos na Nova Zelândia e países da União Europeia aboliram a aposentadoria compulsória, que era de 55 e 65 anos de idade, respectivamente (CHEN & TURNER, 2007).

No Brasil, a aposentadoria é um direito garantido aos trabalhadores que chegam aos 65 anos (homens) e 60 anos (mulheres). Entretanto, os trabalhadores têm usufruído do direito à aposentadoria, ainda em idades em que se considera que o trabalhador estará ativo e cada vez mais jovens. Isso está relacionado a diversos fatores: a formalização do trabalho, o fato de muitos trabalhadores terem começado a trabalhar muito cedo e terem se mantido empregados continuamente pelo tempo requerido pela legislação para se tornarem elegíveis à aposentadoria por tempo de contribuição e à própria legislação que permite a aposentadoria proporcional. Neste caso, aos 35 anos de contribuição previdenciária (homens) e 30 anos (mulheres) para o benefício integral ou aos 53 anos de idade mais 30 anos de contribuição previdenciária para os homens (mais um adicional de 40% sobre o tempo que faltava em 16 de dezembro de 1998 para completar 30 anos de contribuição) e de 48 anos de idade mais 25 de contribuição (mais um adicional de 40% sobre o tempo que faltava em 16 de dezembro de 1998 para completar 25 anos de contribuição) para as mulheres. Além disso, a aposentadoria compulsória ainda é uma prática formalmente aplicada a servidores públicos que alcançam os 70 anos de idade e, muitas vezes, é adotada espontaneamente nas empresas privadas.

Nos anos recentes, com vistas ao aumento da expectativa de vida da população brasileira, foi introduzido no cálculo das aposentadorias por idade e por tempo de contribuição o chamado fator previdenciário, criado com o objetivo de equiparar a contribuição do segurado ao valor do benefício. A fórmula matemática utilizada para o cálculo do valor do benefício que era composta pela alíquota de contribuição, a idade do trabalhador e o tempo de contribuição previdenciária recebeu então mais um elemento: a expectativa de sobrevida do segurado. Em outras palavras: a legislação brasileira continua admitindo a aposentadoria em idade ativa, porém repassa ao trabalhador parte do ônus da aposentadoria precoce. Quanto maior for a diferença entre a expectativa de sobrevida do trabalhador e sua idade na data do requerimento da aposentadoria, pior será o impacto do fator previdenciário sobre o benefício, o que resultará em maior declínio de seu valor.

Apesar de o fator previdenciário contribuir para a redução do desequilíbrio das contas da previdência social, certamente outras medidas serão necessárias em um futuro próximo. Assim, de acordo com o curso de vida padrão, os trabalhadores poderão lidar com um aumento da longevidade e um declínio na seguridade social de três maneiras diferentes: a) diluindo a carga financeira durante todo o curso de vida, consumindo menos e economizando parte de sua renda para a velhice; b) enxugando os gastos durante o tempo da aposentadoria; ou c) permanecendo ativos na força de trabalho.

Como vimos, em geral, a geração *baby boomer* não fez reservas monetárias significativas durante o curso de vida, e as gerações seguintes também parecem não estar poupando para este fim. Isso reforça as outras duas possibilidades: gastar ainda menos durante a aposentadoria ou trabalhar por mais tempo.

Decerto, reduzir o padrão de vida durante o tempo de aposentadoria, considerando que com o aumento da expectativa de vida o indivíduo deverá aumentar também o tempo em que ficará aposentado, pode não ser exatamente a melhor opção, principalmente se levarmos em conta que para a maior parte da população de aposentados o benefício recebido mensalmente não é suficiente para o básico. Ao contrário, apesar da previdência social brasileira ser uma das mais generosas no mundo, o benefício percebido durante a aposentadoria é menor do que o salário que o trabalhador recebia antes de se retirar do mercado. Além disso, nesta fase da vida, os gastos costumam se elevar mesmo para aqueles que gozam de boa saúde. Muitos idosos continuam sendo chefes de família, inclusive ajudando financeiramente no sustento de outras gerações.

Nesse caso, a alternativa que resta para garantir um pouco mais de conforto e segurança durante a aposentadoria é a permanência no mercado de trabalho por mais tempo. A presença continuada dos trabalhadores na força de trabalho pode fazer uma diferença significativa tanto para garantir melhor renda aos trabalhadores aposentados, quanto para contribuir para a sustentabilidade da mão de obra disponível e manter o equilíbrio dos sistemas de seguridade social. Logo, vivendo mais, teremos, sim, que trabalhar mais. A questão é: quanto tempo extra de trabalho será preciso para que se percebam os benefícios pretendidos?

De acordo com MUNNELL & SASS (2009), trabalhadores que estão programando a aposentadoria "não têm motivos para entrar em pânico", pois "trabalhar por mais tempo não significa trabalhar para sempre". Segundo cálculos dos autores, para os padrões internacionais, prolongar a permanência no mercado de trabalho significa trabalhar por mais 2 ou 4 anos para conseguir manter o nível de reposição de rendimento. Esta prescrição é equivalente a mover a atual média de idade de aposentadoria – a média em que metade da atual coorte se retira do mercado de trabalho – de 63 para 66 anos (MUNNELL & SASS, 2009). Já no caso do Brasil, se a média de idade para aposentadoria não superar expressivamente os atuais 53 anos, o acréscimo no tempo que o trabalhador precisará acumular em termos de contribuição previdenciária poderá se elevar um pouco mais ao longo das próximas décadas. Mas será que estamos preparados para essas mudanças?

Parte III
Retratos de um Brasil que não é mais de Jovens

Crescendo numericamente, os velhos se tornam objeto de estudo. Propostas aparecem pela boca da 'ciência', do Estado, dos meios de comunicação [...] Enquanto isso a história não se altera. Não mudando a história do trabalhador, não muda a história do menino, não muda a história do velho, não muda a história do homem (HADDAD, 1986).

Capítulo 5

A Ressignificação da Velhice

Paralelamente ao aumento da expectativa de vida está se desenvolvendo uma nova percepção sobre a velhice. Apesar das inegáveis mazelas que a ciência ainda não foi capaz de reverter, a velhice começa a ser vista por muitos como um estágio apropriado para a concretização de sonhos adiados em outras etapas do curso de vida. A velhice começa a ser percebida como uma fase da vida em que os indivíduos também gozam de saúde, disposição e tempo livre para implementar projetos que estavam confinados e fadados à descontinuação. E é a geração de *baby boomers* que começa a desfrutar – em maior número – desta nova visão.

Boomers são a coorte com o maior contingente de indivíduos a se aproximar da idade de elegibilidade à aposentadoria na história. Eles compõem uma coorte revolucionária e dinâmica que atuou fortemente na revolução sexual nos anos 60, lutou pela redefinição do papel da mulher na sociedade e venceu batalhas contra o racismo e a homofobia. Foi a geração de *boomers* que, quando ainda jovem, estabeleceu a adolescência como um período de experimentação, criatividade e rebeldia situado entre a infância e a fase adulta, rompendo com a forma abrupta em que crianças passavam a ser consideradas adultas e tinham que assumir obrigações como tal (KALACHE A., 2013).

Essa geração está assumindo novamente o papel de protagonista no século XXI. Desta vez, redefinindo o conceito de envelhecimento e estabelecendo um novo período de transição na tradicional periodização da vida humana. Um período que se constitui entre a fase a adulta e a efetiva decrepitude da velhice: a gerontolescência (KALACHE A., 2013). Eles são o primeiro grupo que alcança os 60, 65 anos de idade representado por um grande contingente de indivíduos com um nível mais elevado de informação, um histórico de atuação ativista, de prosperidade, de saúde e de expectativa de vida saudável e ativa jamais vistos na história. Cada vez menos esses indivíduos estão dispostos a desempenhar papéis passivos em suas próprias vidas ou em suas comunidades sob o argumento de terem ultrapassado os 60 anos de idade cronológica.

Eles possuem uma vasta reserva de conhecimento, memória, intuição e experiência acumulados ao longo de toda a vida, que estão prontos para serem aproveitados de alguma forma. Além disso, por serem a geração que experimenta a visão mais positiva da velhice, muito devido aos avanços da biomedicina e das políticas de saúde pública, os *boomers* não parecem ser uma geração que irá tolerar que seus direitos sejam ignorados ou que irá se conformar em fazer trabalho doméstico ou voluntário quando na verdade quiser permanecer no mercado de trabalho.

Seu protagonismo em permanecer no mercado formal de trabalho mesmo após a aposentadoria motivou a regulamentação da desaposentadoria em todo o país no ano de 2014. DEBERT (2004) já havia sinalizado que a aposentadoria deixara de ser um marco da chegada à velhice e afirmado que a tendência contemporânea seria "rever os estereótipos associados ao envelhecimento", uma vez que "a ideia de um processo de perdas tem sido substituída pela consideração de que os estágios mais avançados da vida são momentos propícios para novas conquistas, guiadas pela busca do prazer e da satisfação pessoal. As experiências vividas e os saberes acumulados são ganhos que oferecem oportunidades de realizar projetos abandonados em outras etapas e estabelecer relações mais profícuas com o mundo dos mais jovens e dos mais velhos" (DEBERT, 2004, p. 14).

MEYROWITZ (1985 *apud* DEBERT, 2004) defende que ocorre uma integração de "mundos informacionais que antes eram estanques, impondo novas formas de comportamento que apagam o que previamente era considerado o comportamento adequado a uma determinada faixa etária". E isso faria com que a linguagem, as roupas, as escolhas relacionadas ao lazer, os objetos de interesse, as diferenças comportamentais culturalmente estabelecidas para uma ou outra faixa etária específica e até as perspectivas do domínio da família, apontassem para uma sociedade em que a idade cronológica passa a ser irrelevante.

Segundo MOODY (1993 *apud* DEBERT, 2004), ocorre um "apagamento dos comportamentos tidos como adequados às diferentes categorias de idade". O que significa que caminhamos em direção a uma sociedade na qual as grades etárias exercerão menor influência sobre as atitudes dos indivíduos. Uma verdadeira quebra de paradigma de nossa sociedade.

Capítulo 6

O Envelhecimento da Força de Trabalho: o Caso de Trabalhadores de uma Mineradora

As condições econômicas, a incerteza no mercado de trabalho e as dinâmicas intergeracionais estão mudando tanto as expectativas dos trabalhadores quanto as dos empregadores em relação ao trabalho. Vivemos um momento de quebra de paradigmas ao qual soma-se, também, uma iminente escassez de mão de obra qualificada, impulsionada pelo envelhecimento da população brasileira. Este capítulo examina as dinâmicas do mercado de trabalho, da participação na força de trabalho e da aposentadoria, a fim de responder se, simultaneamente ao avanço do fenômeno do aumento da longevidade, as organizações brasileiras já estão desenvolvendo instrumentos eficazes para administrar a mão de obra, que será altamente diversificada em um primeiro momento, e predominantemente envelhecida nas próximas décadas

Para tanto, apresento os principais resultados da pesquisa que conduzi na área de Gestão e Inovação do mestrado em Engenharia de Produção da COPPE/UFRJ.

A metodologia da investigação

A pesquisa exploratória com abordagem qualitativa baseia-se em um estudo de caso, que teve como contexto de referência unidades de negócio e escritórios de uma empresa de mineração, logística, siderurgia e energia que opera no Brasil e outros mais de trinta países. Os principais critérios para a escolha da companhia estudada foram a representatividade do setor de atuação, o número de empregados e de empregos gerados anualmente pela companhia, seu posicionamento em relação ao processo de aposentadoria dos empregados, o contingente de empregados elegíveis à participação no estudo e o potencial de escala da pesquisa.

A primeira etapa da investigação consistiu em analisar a dimensão social e demográfica da população da mineradora, pois apesar do envelhecimento populacional ser um fenômeno demográfico de ordem externa à organização, ele inevitavelmente impactará as características da população de empregados da mineradora. O estudo da população de trabalhadores oferece informações detalhadas a respeito do funcionamento da organização, "de suas políticas de atração, retenção, demissão, formação e desenvolvimento de carreira, bem como sobre sua política de organização do trabalho" (GUÉRIN, 2001). Nesta etapa foram analisados 70.674 registros de empregados do quadro funcional da companhia.

Na segunda etapa da pesquisa foram realizadas 73 entrevistas em profundidade, com dois grupos de empregados da geração de *boomers*: a) aposentáveis com 60 anos de idade ou mais; e b) aposentáveis com idades entre 48 e 59 anos na data da pesquisa. Também participaram das entrevistas coordenadores do programa de preparação para a aposentadoria da companhia.

Cabe antecipar que os resultados apresentados a seguir não lembram em nada o que é esperado da gestão eficiente do envelhecimento populacional no contexto de uma grande empresa. Mas os achados da pesquisa revelam questões particularmente complexas – seja pelo ambiente regulatório e legal a que estão submetidas, seja pelas exigências de produtividade e as políticas e práticas de recursos humanos estabelecidas em um contexto prévio ao que se apresenta agora – que tornam explícitos alguns dos desafios que serão enfrentados por empresas de todos os portes e setores de atuação.

6.1. A dicotomia da escassez de mão de obra

Se o assunto é a escassez de mão de obra, então a discussão é polêmica. De um lado, organizações parecem empenhar esforços extras para a atração de profissionais, sob o argumento de que os trabalhadores disponíveis não estão suficientemente qualificados para as funções. De outro, trabalhadores acusam as empresas de promoverem à incoerência as exigências de qualificação e metas enquanto declinam remunerações, sendo esses os verdadeiros motivos para a suposta falta de profissionais apontada pelas empresas. Considerando os achados desta pesquisa, arrisco afirmar que, se no Brasil, estamos enfrentando escassez de mão de obra qualificada em alguns setores da economia é porque a educação no país ainda não atingiu os níveis desejados e as organizações não estão conseguindo enxergar as potencialidades da mão de obra envelhecida na mitigação do *gap*.

Em todas as partes do mundo, países que já enfrentam crises em seus sistemas de previdência social e completaram ou estão atravessando sua transição demográfica estão iniciando um processo de aumento do reconhecimento da necessidade de se apoiar a contribuição ativa e produtiva que os trabalhadores mais velhos podem oferecer no trabalho formal – principalmente porque a experiência mostrou que a aposentadoria antecipada, adotada para dar espaço aos trabalhadores mais jovens desempregados, não foi uma solução eficaz (OCDE, 1998). Tal movimento ocorre por meio da manifestação do reconhecimento da importância de reter, estimular e renovar a valorosa contribuição da força de trabalho envelhecida.

No Brasil, a julgar pelos resultados obtidos na pesquisa que conduzi e no que mostram pesquisas semelhantes, ainda estamos longe disso. Acostumadas a descartar a mão de obra de trabalhadores mais velhos – seja incentivando a adesão aos programas de demissão voluntária ou a aposentadoria precoce, seja por meio de demissões diretas ou ainda, eliminando ou estabelecendo faixas etárias menos elevadas nos processos de seleção de novos empregados –, as organizações brasileiras dão claras evidências de que ainda não perceberam os benefícios de atrair, reter e regenerar a mão de obra desses trabalhadores.

Uma pesquisa realizada pela PwC/FGV com 108 organizações verificou que apenas 37% delas reconheciam que a força de trabalho envelhecida poderia ser uma alternativa à escassez de mão de obra. E que apenas 12% haviam desenvolvido práticas direcionadas à retenção e atração desses trabalhadores. Das empresas participantes, 70% tinham origem nacional. Em relação ao tamanho, 68% eram de grande e médio porte e estavam distribuídas por diversos setores de atuação, nos quais predominavam os segmentos industrial (21%), de prestação de serviços (20%) e de energia, mineração e serviços de utilidade pública (16%) (PwCBrasil, 2013). De modo geral, a visão dos gestores sobre a chegada da geração *baby boomer* à aposentadoria tem se mostrado obsoleta em empresas de todos os portes e setores de atuação.

Retenção e atração de trabalhadores mais velhos

Em minha pesquisa na mineradora, a análise demográfica da população de empregados confirmou a predominância da mão de obra jovem na composição de sua força de trabalho. Juntas, as gerações X e Y ultrapassavam o percentual de 89% de trabalhadores contratados. Veja a distribuição dos mais de 70 mil empregados, de acordo com a folha de pagamento nominal da empresa:

Geração	Percentual
Y (17 a 31 anos)	42,16%
X (31 a 47 anos)	47,58%
Baby-boomer (48 a 66,9 anos)	10,11%
Pré-boomer (67 a 74,8 anos)	0,02%

Gráfico 10: Composição da força de trabalho por geração e faixa etária
Fonte: Elaborado pela autora

Na data de realização da pesquisa, a força de trabalho da mineradora era preponderantemente composta por indivíduos com idades entre 31 e 47 anos, que representavam 47,64% do contingente de empregados. Este percentual estava mais ou menos equilibrado com a distribuição etária da população economicamente ativa no Brasil, cuja parcela de 43,2% das pessoas tem idades entre 25 e 49 anos. Ele também se aproxima do que verificou a pesquisa da PwC/FGV, na qual 46% dos profissionais das organizações pesquisadas tinham idades entre 30 e 44 anos (PwC-Brasil, 2013).

Em relação aos trabalhadores mais velhos, temos a presença de duas gerações: a geração pré-*boomer* e a própria geração de *baby boomers*. A primeira geração era composta por um contingente pífio: apenas 14 dos mais de 70 mil trabalhadores possuíam idades entre 67 e 75 anos, representando uma grande minoria em termos geracionais. Já a geração de *boomers*, representada por trabalhadores que tinham idades entre 48 e 67 anos, possuía maior expressividade, representando 10,12% da força de trabalho da companhia. A maior parte desses trabalhadores integrava o quadro de empregados da empresa há décadas. Muitos deles haviam trabalhado a vida inteira na mineradora.

Entretanto, não havia qualquer programa específico para a retenção de trabalhadores mais velhos. Os trabalhadores idosos que permaneceram durante tanto tempo na empresa estiveram sob o mesmo regime de cargos e salários que qualquer outro empregado. Curioso é que apesar de mais de 7 mil *boomers* estarem alcançando idades para se aposentar e, portanto, representarem uma potencial perda de conhecimento organizacional, poucos participavam do programa de preparação para a aposentadoria e apenas 16,4% dos entrevistados declararam serem incentivados por seus gestores a permanecerem no quadro de trabalho da mineradora.

Tendo dito isto, não é difícil deduzir que se não havia preocupação em reter a mão de obra dos *boomers* prestes a se aposentarem, a mineradora também não estava mobilizada em atrair trabalhadores idosos. De fato, analisando o histórico de contratações de trabalhadores, por coorte geracional, ao longo de cinco anos – compreendidos entre 2007 e 2012 – foi possível confirmar tal hipótese, como mostra o Gráfico 12:

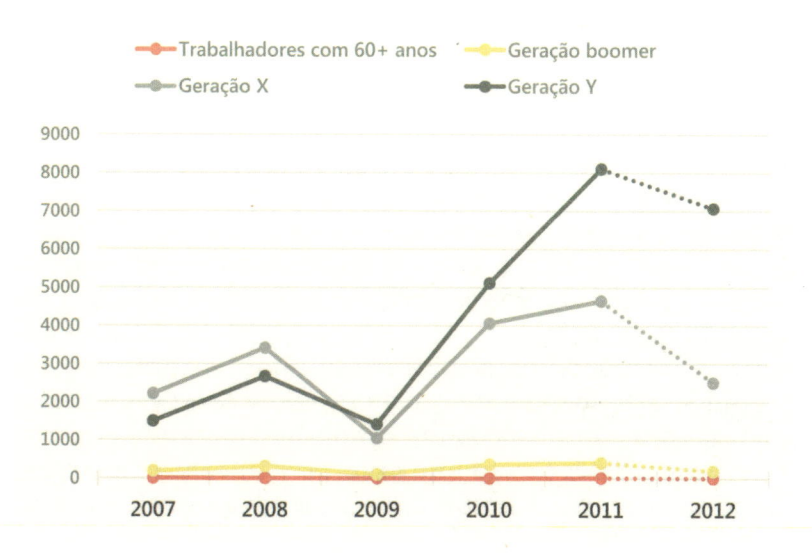

Capítulo 6 – O Envelhecimento da Força de Trabalho... • 115

Gráfico 11: Contratação de trabalhadores
por geração – 2007 a 2012

Fonte: Elaborado pela autora
Nota: A linha pontilhada significa dados parciais: janeiro a julho-2012[17]

No ano de 2008, a demanda de contratações foi maior por profissionais da geração X, seguida pela geração Y, mantendo a tendência do ano anterior e representando 40,7% e 31,74% das contratações do ano, respectivamente. No mesmo ano, a contratação de pessoas da geração de *boomers*, representou apenas 3,65% das contratações, quase dobrando o número do ano anterior. E apenas dois – sim, somente dois – trabalhadores com 60 anos ou mais foram admitidos naquele ano.

---

[17] Em relação ao ano de 2012, não foi possível realizar análises conclusivas, uma vez que a data de corte deste estudo foi marcada em julho de 2012. Assim, não tivemos acesso ao somatório de contratações do ano.

Em 2009, os níveis de contratação de trabalhadores para integrar o quadro de empregados da companhia sofreram forte declínio. Pressionadas pelos efeitos da crise mundial, que derrubou os preços e a demanda por minério no mundo, a empresa interrompeu a produção em algumas unidades e não apenas reduziu severamente o número de contratações gerais como também demitiu centenas de empregados. Entre as contratações, houve uma inversão em relação ao ano anterior e a geração Y foi a mais contratada no ano, representando 30,93% enquanto a geração X correspondia a 22,96% do total de contratações. Seguindo a tendência de queda, a admissão de profissionais da geração de *boomers* diminuiu aproximadamente três vezes em relação ao ano anterior e absolutamente nenhum trabalhador com 60 anos de idade ou mais foi contratado naquele ano.

Com a retomada do crescimento em 2010, ano em que a mineradora estabeleceu novos recordes de produção – 308 milhões de toneladas de minério produzidas e faturamento de 17,3 bilhões de dólares -, as contratações foram intensificadas. Nos anos de 2010 e 2011, o grande destaque foi novamente o número de contratações de profissionais da geração Y, que superou todos os índices dos anos anteriores, estabelecendo níveis de admissões recordes.

Em 2010, a companhia contratou mais de cinco mil jovens, triplicando o número em relação a 2007, o que representou 44,28% das contratações de pessoal naquele ano. No ano seguinte, o número se elevou ainda mais. Foram contratados cinco vezes mais trabalhadores da geração Y naquele ano do que em 2007, contabilizando um total que ultrapassou a casa dos oito mil novos empregados e representando 53,37% das contratações realizadas no ano. Enquanto isso, a geração X, segunda mais contratada em ambos os anos, apesar de ter aumentado seu contingente de contratados em relação ao ano de 2008, quando teve sua maior alta, somente representou 35,17%

Capítulo 6 – O Envelhecimento da Força de Trabalho... • 117

e 30,60% das contratações gerais em 2010 e 2011, respectivamente. A contratação de *boomers* manteve semelhante desenvoltura em relação ao período pré-crise, crescendo sutilmente e representando 3,12% e 2,68% nos dois anos, respectivamente.

Em relação ao número de trabalhadores da geração de *boomers* contratados quando já possuíam idades iguais ou superiores a 60 anos, o ano de 2011 foi o mais significativo. Enquanto apenas 4 trabalhadores com 60 anos de idade ou mais foram contratados em 2010, no ano de 2011 foram 17 contratações. Ainda que o número tenha quadriplicado em relação ao ano anterior, ele ainda é pouco expressivo frente ao número de contratações dos outros grupos e da companhia em geral, não tendo sido confirmado como uma tendência.

Até a data de corte desta pesquisa, os dados sugeriam a possibilidade da mineradora estar iniciando um movimento discreto de recontratação de empregados desaposentados. Constatamos que 21 trabalhadores que já haviam se aposentado trabalhavam na mineradora. Pelo menos 15 de 21 desses trabalhadores haviam se aposentado pela própria companhia, tendo sido, portanto, recontratados pela mineradora, como destacou um deles.

> Me aposentei [cit.] com 44 anos de contribuição ao INSS. Continuo trabalhando na mesma empresa há 38 anos. Estou casado há 38 anos. Tenho dois filhos já formados, minha esposa também é aposentada, mas continua trabalhando. (Sr. Júlio, 66 anos, Técnico de Mina e Geologia, Santa Luzia – MG)

Retomando a questão da dicotomia da escassez de mão de obra discutida no início da seção, ao mesmo tempo que as organizações declaram não haver mão de obra qualificada para ocupar determinados cargos, paradoxalmente, elas dispensam os trabalhadores mais experientes, pois eles não são vistos nem como potencial recurso no embate contra a escassez de mão de qualificada que o setor de mineração enfrenta nem como alternativa para reduzir o tempo de aprendizado dos trabalhadores mais jovens e o *gap* de conhecimento entre as gerações. Assim como mais da metade das empresas pesquisadas pela PwC, a mineradora opta pela contratação dos mais jovens quando a ocupação do cargo ocorre por profissionais desempregados.

Consultas ao *website* institucional[18] da mineradora demonstraram que existem programas especiais para identificação e capacitação de jovens talentos que possam integrar seu corpo de empregados, mesmo antes de terem tido qualquer experiência relacionada ao *core business* da organização. Enquanto isso, nenhuma iniciativa para atrair especificamente a mão de obra de trabalhadores mais velhos havia sido implementada até a data de corte da pesquisa.

6.2. Por *que boomers* aposentáveis desejam permanecer na força de trabalho?

À medida que os indivíduos vivem mais e em melhores condições de saúde, a ideia de que a aposentadoria significa ter poucos anos de vida começou a perder força. Hoje, vemos trabalhadores com 60, 65 anos ou mais de idade que dispõem de pleno domínio de sua capacidade cognitiva, boa saúde e disposição. Por isso, a questão de quando se aposentar – e até mesmo de *se* se aposentar – mudou de caráter ao longo do século (RASKIN & GETTAS, 2007) e a decisão pela aposentadoria tornou-se um processo mais complexo para os trabalhadores. A idade cronológica não é mais a única determinante

---

[18] Informações disponíveis no *website* institucional da mineradora e em materiais impressos de circulação interna. Acessado em junho de 2013.

certeza da incapacidade laboral. Apesar de conhecermos detalhes sobre a saúde e o aspecto psicológico da velhice, bem como a capacidade de se adaptar às mudanças nesta fase da vida, precisamos aprofundar o conhecimento acerca do processo pelo qual os indivíduos fazem escolhas profissionais na velhice, quais são os fatores que podem contribuir para a decisão pela aposentadoria enquanto sinônimo de saída do mercado e, sobretudo, as motivações que levam à presença continuada na força de trabalho.

Quando adoto o termo 'motivação', refiro-me a um "fator psicológico que predispõe o indivíduo, animal ou humano, a realizar certas ações ou a tender a certos fins" (PIERON, 1968 apud DEJOURS et al, 2010). A motivação "implica mais do que o fato de que um comportamento seja diretivo" (R.S.PETERS, 1937 apud DEJOURS, 2010). O conceito de motivação também seria destinado "a marcar a diferença entre os comportamentos que não são mais do que hábitos daqueles que respondem a uma diretividade" (DEJOURS, ABDOUCHELI, & JAYET, 2010). A motivação traduz a intencionalidade de um comportamento.

Nesse sentido, uma motivação para a presença continuada deve ser mais do que um hábito, deve ser algo que inspira o desejo e norteia o comportamento diretivo do sujeito. O processo que conduz à presença continuada do trabalhador aposentável no mercado, seja ele idoso ou não idoso, é complexo e envolve uma gama de motivações. A partir das entrevistas realizadas na mineradora foram identificadas oito motivações, a saber:

Motivação 1: Convicção de sua capacidade laboral e produtividade (motivação para mulheres e homens)

A análise revelou que, para a maioria dos trabalhadores aposentáveis que participaram da pesquisa, sua permanência no mercado formal de trabalho é produto da combinação de uma boa condição física e mental com uma atitude protagonista em relação à carreira e à vida. Contrariando a premissa da incapacidade laboral derivada da idade cronológica ou do tempo de trabalho alcançados, que ainda rege a legislação previdenciária e o imaginário coletivo, a maior parte dos trabalhadores não reconhece motivos que justifiquem sua saída do mercado de trabalho. Não apenas sentem-se em plena condição física e intelectual para realizar suas tarefas, como estão certos de que atingiram sua fase de maior proficiência técnica, maturidade e conhecimento. Eles se veem aptos a oferecer importante contribuição à organização em que trabalham e à sociedade. Ainda sentem-se estimulados pelos desafios do trabalho, acreditando que esses desafios são a fonte de sua criatividade e produtividade.

Talvez você se sinta um pouco cético em relação ao efetivo potencial produtivo desses trabalhadores, afinal apesar de ser cada vez mais comum que indivíduos idosos sintam-se dispostos ao trabalho e em melhores condições do que indivíduos idosos de gerações passadas, a autopercepção do trabalhador idoso não garante sua produtividade. Porém, verificamos que os trabalhadores aposentáveis, idosos e não idosos, tinham seu desempenho avaliado pelos mesmos critérios formais que os trabalhadores mais jovens de função igual ou semelhante. O desempenho desses trabalhadores vem atendendo aos padrões de performance exigidos pela companhia.

Motivação 2: Contingência financeira (motivação para mulheres e homens)

Parte dos trabalhadores aposentáveis que participaram da pesquisa demonstrou estar severamente empenhada no esforço de garantir a satisfação das necessidades familiares básicas, ou seja, continuam trabalhando porque precisam garantir recursos básicos para a sobrevivência. Esses trabalhadores tinham quatro focos de preocupação:

a) o sustento – próprio e da família; b) o custeio dos estudos dos filhos; c) a garantia de um plano de saúde para si e para seus dependentes; e d) a conservação de sua autonomia na velhice. Como a aposentadoria lhes seria incompatível com a possibilidade de dispor desses recursos, a segunda maior motivação para que os *boomers* aposentáveis continuassem trabalhando era a contingência financeira.

A pesquisa mostrou que o número de trabalhadores aposentáveis idosos chefes de família era quase 10% maior do que o de não idosos (95,7% dos idosos contra 86% dos não idosos). Verificou-se também que 5,5% deles são os únicos responsáveis pelo seu próprio sustento. Em relação ao sustento da família, 75,3% contribuíam financeiramente para o sustento de filhos ou enteados, 63% para o do cônjuge, 49,3% de ambos filhos e/ou enteados e cônjuges, 20,5% dos pais e/ou sogros e 6,8% de irmãos e ou cunhados.

Ao contrário do que ronda o imaginário coletivo sobre a contribuição econômica dos mais velhos à sociedade, os dados mostram que os trabalhadores idosos não apenas oferecem importante contribuição econômica à sociedade, mas também estão ativos e são responsáveis pelo sustento do núcleo familiar. O fluxo intergeracional parece invisível, às vezes, mas pensões e apoio financeiro o tangibilizam. Entre os trabalhadores idosos 60,9% ainda contribuíam financeiramente para o sustento de cônjuges e filhos. Alguns desses idosos chegavam a ser responsáveis pelo sustento de até 4 gerações da família, o que incluía pais ou sogros, a si próprio e ao cônjuge, filhos e/ou enteados, e netos. Esta é uma realidade que poderá se tornar cada vez mais comum, pois graças ao fenômeno do aumento da longevidade, várias gerações de uma mesma família estarão vivas em um cenário onde haverá mais velhos do que jovens no núcleo familiar e eles poderão responder pelo sustento da família por tempo prolongado.

Além da preocupação com a capacidade de garantir o próprio sustento, bem como o de sua família, os trabalhadores entendiam que os filhos ainda precisavam de ajuda financeira para concluir os estudos. No caso dos empregados da mineradora, o trabalhador teria condições de custear o estudo dos filhos por conta própria ou, ainda, dividiria o custo da educação dos filhos com a mineradora, que custearia parte do pagamento, dependendo do curso e da faixa etária dos filhos do empregado. Um benefício oferecido pela companhia como parte do pacote de atração e retenção de profissionais.

A saúde também era tema de grande preocupação desses trabalhadores. Na verdade, ter um plano de saúde familiar era considerado fundamental, porém impraticável na condição de aposentados. Enquanto empregados na mineradora, os aposentáveis – e seus dependentes – usufruíam do plano de saúde AMS (Assistência Médica Suplementar) em que não era cobrada qualquer taxa mensal, sendo apenas descontados da remuneração mensal do empregado percentuais simbólicos de coparticipação sobre atendimentos clínicos ou hospitalares e exames realizados. Para os salários mais altos, percentuais um pouco maiores do que para os que percebem salários mais baixos, ou seja, quanto menor o salário, menor a taxa de coparticipação a ser paga pelos atendimentos.

Motivação 3: Conservação do padrão de vida (motivação para mulheres e homens)

Diferentemente da motivação referente à contingência financeira, aqui a aposentadoria foi associada às perdas legais inerentes ao cálculo do valor do benefício, principalmente àquelas resultantes da inserção do fator previdenciário. Os trabalhadores não queriam se aposentar porque o cálculo do benefício recebido traria perdas financeiras que obrigariam o trabalhador a declinar seu padrão de vida. Essa motivação trata de preocupações muito mais relacionadas ao custo da conservação de classe social, hábitos e costumes do que dos recursos básicos, como saúde, educação etc.

Enquanto alguns dos trabalhadores que apontaram a conservação do padrão de vida como razão para continuarem trabalhando se apoiavam sobre o plano de não parar de trabalhar, outros contavam com a possibilidade de uma renda complementar com a previdência privada. Na ocasião, 83,6% dos participantes reportaram possuir plano de previdência complementar, o que representava 73,9% dos idosos e 88,0% dos trabalhadores mais jovens.

Motivação 4: Satisfação pessoal e bem-estar (motivação para mulheres e homens)

Em concordância com o que vimos no Capítulo 2, os trabalhadores aposentáveis que participaram da pesquisa percebiam o trabalho como um fator motivacional, parte importante e estruturante da vida humana. Para os trabalhadores aposentáveis deste grupo, trabalhar era sinônimo de prazer e uma satisfação pessoal. Alguns sequer conseguiam se imaginar ociosos.

A sensação de satisfação pessoal e bem-estar originada do trabalho depende cabalmente da interpretação que cada indivíduo faz sobre o que são satisfação e bem-estar, que é produto das experiências do curso de vida de cada um e das influências exercidas pelo ambiente em que vivem. Para uns, o bem-estar está associado ao fato de manter-se ocupado, em atividade com a qual tenha afinidade, que possa representar uma forma de cuidar da manutenção da capacidade cognitiva. Para outros, esta sensação está associada a fato de ser respeitado – e sentir-se respeitado – e incluído na vida em sociedade.

Os dados sugerem ainda que quanto maior é o valor atribuído à satisfação pessoal e ao bem-estar, maior é a tendência de que o trabalhador permaneça ativo no mercado formal de trabalho, tendo ele se aposentado antes ou não.

Motivação 5: Construção de legados
(motivação apenas para homens)

Os trabalhadores consideram fundamental retribuir o que receberam, e acreditam ter importante contribuição a dar para melhorar a sociedade em que vivem. Sua intenção é transmitir o conhecimento adquirido ao longo de toda a sua vida profissional – e até pessoal – para os mais jovens. O estigma de que os trabalhadores mais velhos sonegam informações pode estar com os dias contados. Na mineradora, 47,9% dos trabalhadores aposentáveis da geração de *baby boomers* declararam se sentir muito confortáveis trabalhando com os mais jovens, e 64 deles afirmaram ter vontade de compartilhar conhecimentos profissionais com jovens da empresa onde trabalhavam.

A construção de um legado está diretamente ligada ao embate contra a finitude da vida. A transferência voluntária do conhecimento dos empregados mais velhos para os mais jovens é uma forma de tentar evitar que as experiências vividas pelos primeiros deixem de existir com sua morte. Embora ISMAEL (2006) afirme que isso não é possível, como vimos no Capítulo 2, a transferência do conhecimento do trabalhador mais velho ao mais jovem seria a materialização de um legado, uma tentativa de garantir que ao menos parte daquilo que o trabalhador idoso fez – e também parte de quem ele foi – se torne perene.

Motivação 6: Sentimento de utilidade
(motivação para mulheres e homens)

Apesar de já termos visto ao longo deste trabalho que os indivíduos longevos contribuem de diferentes maneiras para com suas famílias, comunidades, e até mesmo para o país, a velhice, tipicamente caracterizada pela decadência física e a ausência de papéis sociais para os mais velhos, influenciou os idosos de maneira tal que para se sentirem úteis, e portanto, serem percebidos e aceitos pela sociedade, precisam estar formalmente empregados.

Isso se explica porque uma sociedade capitalista exclui aqueles que estão à margem dos padrões de produção estabelecidos como marca de sucesso de um indivíduo, ou seja, um trabalhador na ativa é uma pessoa que ocupa determinado cargo, enquanto um aposentado é apenas alguém que perdeu esse cargo e todo o status por ele proporcionado. Da mesma forma, uma pessoa que se aposenta teria perdido a capacidade laboral. Logo, não trabalha, o que é o mesmo que dizer que não produz. E se não produz, não gera riquezas. Assim, não demora muito ser rotulado como inútil, o que o torna marginal, não importando a contribuição que tenha dado à família, à sociedade e ao país durante toda a sua vida.

Motivação 7: Preservação das relações sociais (motivação para mulheres e homens)

Os trabalhadores que reportaram as relações sociais como motivação para a presença continuada no mercado de trabalho preocupavam-se com a preservação da convivência com colegas de trabalho e a interação em sociedade, proporcionada pela ocupação de um cargo na companhia. Duas interpretações possíveis são: primeiro que é uma características de trabalhadores da geração de *boomers* ter foco em pessoas, então de certa forma quando o trabalhador afirma não se retirar do mercado porque tem compromisso com sua chefia, ele preza em algum grau a relação com o sujeito trabalhador que desempenha a função de chefe; e segundo porque na velhice solidão, isolamento social e exposição a situações de conflito estão ligados ao declínio físico e mental, e aumentam muito os riscos de deficiências e morte precoce (OMS, 2005). E a aposentadoria, enquanto saída do mercado de trabalho, é facilmente causadora desses males, porque faz com que os trabalhadores percam o elo com suas redes sociais, com as quais sempre esteve conectado por meio do trabalho.

Motivação 8: Vício em trabalho, uma motivação oculta (motivação apenas para homens)

Sabe-se que a relação do indivíduo com o trabalho começa a se estabelecer desde a primeira fase da vida, pois a preparação para o mercado competitivo começa bem cedo. Em tempos de capitalismo flexível, a família se tornou uma pequena empresa encarregada de produzir filhos empregáveis capazes de enfrentar a guerra econômica. A família aplica seus respectivos capitais – econômicos, cognitivos, relacionais, culturais – naquilo que constitui seu principal objetivo: fabricar um indivíduo empregável.

Os adolescentes usualmente dedicam-se de forma integral aos estudos até os 16 anos de idade, enfrentando intensas agendas de atividades educacionais e sendo obrigados a definir suas profissões tão cedo. Na segunda parte, que se estende até a faixa dos 25 anos, eles devem continuar os estudos paralelamente a algum tipo de iniciação no mercado de trabalho. Uma vez no mercado de trabalho, passam a ter como objetivo o desenvolvimento de competências, a fim de que tenham condições de disponibilizar durante seu desempenho profissional os atributos adquiridos nas vidas social, escolar, pessoal e laboral. Devem estar preparados para lidar com os riscos, ter a flexibilidade e a agilidade para a resolução de problemas.

Ao longo da vida, os trabalhadores chegam a passar entre trinta e cinquenta anos mergulhados nas rotinas laborais. Não raro dedicam muito mais horas de vida ao trabalho do que à família ou ao lazer. O depoimento de um empregado da mineradora resume muito bem:

> Depois que comecei a trabalhar, ele [o trabalho] se tornou minha principal atividade. **O trabalho recebia mais atenção do que o acompanhamento do desenvolvimento dos filhos, amizades, férias etc.** (Sr. Alceu, 63, Engenheiro Master – MG).

Uma das razões para que isso aconteça é cultural. Grande parte dos *baby boomers* foi educada nas bases do preceito de que o ócio é "o pai de todos os vícios" DE MASI (2001) afirma que o ócio provoca desespero. E tal sentimento é legitimado pela atual organização social, que faz depender do trabalho "o direito de obter uma retribuição, isto é, o direito a viver de um modo decente e independente, ter uma casa e filhos, ser bem aceito no convívio social". Aqueles que trabalham em cargos regularmente remunerados tem mais garantias do que os outros e são mais respeitados. E "quem não trabalha – no sentido clássico do termo – consome riquezas sem produzir. Portanto, é um ladrão" (DE MASI, 2001).

Para DE MASI (2001), "o fenômeno mais importante da última metade do século é o aumento considerável do tempo de que os adultos podem dispor para ocupações diferentes com o cuidado e as necessidades vitais e pelo trabalho assalariado". Em números, no ano de 1800, o capital do tempo livre de um indivíduo era de 25 mil horas, depois elevou-se de 45 mil para 135 mil horas entre 1945 e 1975. Hoje, um indivíduo com 20 anos de idade dispõe de 80 mil horas de trabalho e o triplo – 226 mil horas – de tempo livre. Acontece que esse ganho é um vilão na história. O "aumento objetivo do tempo disponível aterroriza qualquer trabalhador contagiado pela laboriosidade intensa" (DE MASI, 2001). A utilidade do ócio só pode ser plenamente aproveitada se ligada à criatividade, atividade principal dos tempos pós industriais (DE MASI, 2001). E aí chegamos no ponto onde a situação se agrava para o trabalhador mais velho: quais são as reais opções para o exercício da criatividade fora do mundo do trabalho durante a velhice? Quais são as opções para uma velhice ativa no Brasil? A pergunta fica em aberto.

Outra razão para que o trabalho se torne um vício está mais relacionada ao modelo de gestão do capitalismo flexível. Na opinião de GAULEJAC (2007), quanto mais o trabalhador conquista o sucesso, mais sua dependência do trabalho aumenta. E quanto mais ele se identifica com a empresa, mais ele perde sua autonomia, o que Gaulejac considera dupla perda, pois o trabalhador será inevitavelmente posto de lado a partir do momento em que seus desempenhos diminuírem. Partindo deste ponto de vista, os trabalhadores mais velhos novamente seriam as maiores vítimas, pois presumindo-se que sua produtividade declinaria e eles não poderiam mais aderir à lógica da melhoria desenfreada do desempenho, seriam rotulados como 'os excluídos' ou 'os derrotados' pela modernização, e então descartados pelas organizações. A própria aposentadoria é vista como a perda do trabalho, um tipo de fracasso. Um dos trabalhadores entrevistados destacou:

> A pessoa que vai se aposentar deve estar sempre segura de que se aposentar é realmente o melhor caminho. Tenho relatos e conhecimento de pessoas que se aposentaram com idade abaixo da mínima somente pra se livrar da atividade que executava com boas condições de salário, uniforme, plano de saúde adequado, boa alimentação mas com horário de turno ininterrupto. **Alguns faleceram por falta de cuidados com a saúde (bebida alcoólica, má alimentação, problemas familiares decorrentes de queda de renda).** A aposentadoria é necessária, mas deve ser bem planejada. (Sr. Oscar, 56, Técnico Especialista em Manutenção – MG)

Acontece que ser visto como um 'fracassado' é tudo que um trabalhador viciado em trabalho não deseja. Então é bem pouco provável que ele consiga experimentar uma visão positiva de uma aposentadoria que acontece abruptamente. E muitos deles recusam-se a se retirar da força de trabalho mesmo quando se tornam elegíveis à aposentadoria.

Por este motivo, por mais que os trabalhadores aposentáveis que participaram da pesquisa tenham dado demonstrações de autonomia e protagonismo, no sentido de decidir pela presença continuada no mercado formal de trabalho e de saber apontar as motivações objetivas ou subjetivas para tanto, cabe a pesquisadores e gestores um olhar mais cuidadoso, observando o contexto geral em que os trabalhadores se encontram e as influências invisíveis exercidas sobre eles dentro e fora do ambiente organizacional. Observemos estes três depoimentos:

> Não consigo viver sem trabalhar, estudar e ficar sem fazer algum tipo de atividade física. (Sr. Jacob, 54, Analista Operacional Pleno – MG).
>
> O trabalho é tudo. É a energia que me mantém vivo. (Sr. Sandro, 55, Analista Operacional Sênior – ES)
>
> Não consigo ficar quieto em casa, gosto do que faço. (Sr. Keiko, 54 anos, Técnico Especialista em Produção- MG)

Por um lado, os entusiastas do envelhecimento ativo podem interpretar o discurso desses três trabalhadores como resultado da mudança de mentalidade acerca do trabalho na velhice e acerca da própria velhice, um sinal de que o trabalhador se vê empoderado e decide os próprios rumos da vida e da carreira, alargando os limites antes impostos pela aposentadoria e aceitos pelos trabalhadores. Isto é legítimo. E que fique claro que eu não me excluo do grupo que vê com bons olhos o envelhecimento ativo. Mas fica também o alerta à hipótese de que alguns desses trabalhadores aposentáveis estejam optando por permanecer ativos no mercado formal meramente porque estão viciados em trabalhar – entenda-se por isso: o ato de trabalhar e a condição de ter trabalho – situação que é agravada pela carência de opções para um envelhecimento ativo e digno fora do mundo do trabalho.

6.3. Quais são as expectativas dos trabalhadores aposentáveis em relação ao trabalho na velhice?

Todos os trabalhadores que participaram da pesquisa foram selecionados por terem uma característica em comum: serem elegíveis à aposentadoria e ainda estarem presentes no mercado formal de trabalho. Dos 73 trabalhadores que participaram das entrevistas, 28 poderiam ter optado pela aposentadoria por tempo de contribuição proporcional, obtida pela combinação da idade mais o tempo de contribuição mínimos previstos em lei. E os outros 45 já poderiam ter se aposentado integralmente pelo tempo de contribuição, tendo acumulado, em média, 2,9 anos de contribuição previdenciária a mais do que o que é exigido pela legislação.

Diante do paradoxo que coloca a presença continuada do indivíduo aposentável no mercado formal de trabalho ora como solução ora como potencializador de conflitos, nada parece mais razoável do que conhecer o ponto de vista dos próprios trabalhadores. O intuito era conhecer suas expectativas em relação ao trabalho no futuro: por quanto tempo e onde pretendiam trabalhar.

Por quanto tempo desejam permanecer na força de trabalho?

Quando perguntados por quanto tempo mais gostariam de continuar trabalhando, oito trabalhadores responderam que desejavam continuar trabalhando pelo tempo em que tivessem condições físicas e mentais para isso, rejeitando, em primeira análise, a aposentadoria enquanto marco de sua saída do mercado de trabalho. Casos como o do Sr. Abel, 64 anos, Líder de projeto em planejamento cristalino em Belo Horizonte-MG, que nos disse: "[quero trabalhar] enquanto eu tiver força e lucidez para tal"; do Sr. Gabriel (65 anos, Coordenador executivo em Nova Lima-MG) que respondeu: "[quero trabalhar] até quando meu físico suportar"; da Sra. Glória (53 anos, Gerente técnica de hidrometalurgia em Belo Horizonte-MG), que afirmou: "não quero parar de ter uma atividade profissional".

Entre os participantes que apontaram um tempo limite para encerrarem suas atividades profissionais, apenas quatro trabalhadores desejavam se retirar do mercado de trabalho em até um ano e, ao contrário do que se podia supor, nenhum deles era idoso. Para outros trinta e um trabalhadores, dois a cinco anos seria o tempo ideal e nove participantes trabalhariam por mais seis a nove anos. Outros quinze trabalhadores declararam que gostariam de permanecer no mercado por mais dez a quinze, entre eles, três tinham 60 anos ou mais. Enquanto quatro declararam não saber ou não ter qualquer previsão de quanto tempo ainda pretendiam trabalhar, dois trabalhadores – um idoso e outro não idoso – demonstraram inclinação a se retirar da força de trabalho em muito breve.

Em geral, os trabalhadores da coorte mais jovem não desejavam se beneficiar da possibilidade de uma saída antecipada, aparentemente rompendo com a cultura da aposentadoria precoce, instituída no passado como forma de mitigar o desemprego entre os trabalhadores mais jovens e aumentar a produção nas fábricas, assunto tratado no Capítulo 2. Entretanto, em média, trabalhadores aposentáveis mais jovens pretendiam continuar trabalhando apenas até os 60,7 anos de idade, sendo a diferença entre homens e mulheres de 0,4 anos a mais para os homens. Se suas previsões para retirada do mercado de trabalho se confirmassem, somariam 42 anos de contribuição previdenciária durante a vida. Juntos, homens e mulheres, em média, teriam acumulado cerca de 9,1 anos de contribuição excedente, respeitadas as diferenças de gênero para a elegibilidade ao benefício por tempo de contribuição, e cerca de 10 anos para a aposentadoria proporcional. Neste caso, a participação média das mulheres superava a dos homens. Em média, elas teriam acumulados 12,1 anos, enquanto a dos homens seria 7,9 anos (21% maior para as mulheres), de acordo com as regras atuais da legislação. A Tabela 4 mostra em detalhes a diferença entre as coortes de nascimento:

Tabela 4: Diferenças sobre expectativas para o trabalho na velhice, por coorte de nascimento		
Perspectivas	*Boomers* idosos	*Boomers* não idosos
Sobretempo em relação à aposentadoria integral por tempo de contribuição*	3,8 anos	0,6 anos para homens 0,2 anos para mulheres
Sobretempo em relação à aposentadoria proporcional*	6 anos	2,8 anos
Idade pretendida para saírem do mercado de trabalho*	66,8 anos	60,7 anos
Idade máxima pretendida para se retirar do mercado de trabalho**	76 anos	70 anos
Idade mínima pretendida para se retirar do mercado de trabalho**	62 anos	54 anos
Tempo total de trabalho que terão acumulado ao saírem do mercado*	48,7 anos	42 anos

* Nota 1: Valores correspondentes à média aritmética.
** Nota 2: Exceto para aqueles que não souberam informar o tempo que ainda pretendiam trabalhar ou aqueles que gostariam de trabalhar por tempo indeterminado.
Fonte: Elaborado pela autora com base na triangulação entre os dados coletados no questionário da pesquisa de campo e os dados obtidos no corpo teórico formado a partir da revisão da literatura.

Os dados sugerem que trabalhadores aposentáveis da mesma geração têm pretensões distintas em relação à participação na força de trabalho durante a velhice, de acordo com a coorte de nascimento. Os trabalhadores mais velhos

Capítulo 6 – O Envelhecimento da Força de Trabalho... • 133

demonstram o desejo de trabalhar por mais tempo total[19] do que os trabalhadores mais jovens de *boomers*, uma diferença de 6,1 anos a mais para os primeiros em termos de idade cronológica e de 6,7 anos a mais, também para os primeiros, em termos de tempo de contribuição previdenciária.

Embora pertençam à mesma geração, indivíduos de diferentes coortes de nascimento demonstraram possuir expectativas distintas no que dizia respeito à presença na força de trabalho. Isso pode ser explicado pelo fato de que eles nasceram em contextos completamente diferentes e isto é suficiente para influenciar as atitudes dos indivíduos em relação ao trabalho, aos empregadores, pares, subordinados e líderes. Desta forma, para trabalhadores de uma mesma geração, dez a vinte anos de diferença entre as datas de nascimento dos indivíduos, poderiam justificar as diferentes perspectivas que eles apresentam em relação ao tempo total que acumulariam de trabalho ao longo da vida. Outra possível explicação para que os trabalhadores mais velhos tenham médias mais elevadas de idade cronológica para se retirar do mercado de trabalho e de tempo de trabalho desejado ao longo da vida, pode ser a autoavaliação sobre o próprio envelhecimento. Ao alcançar os 60 anos de idade, o trabalhador chega à velhice. E como esta fase do curso de vida ainda é fortemente marcada por uma enraigada cultura de decrepitude e como é comum que à essa altura o indivíduo já tenha perdido entes queridos, a sensação de proximidade da sua própria morte parece mais real para os trabalhadores mais velhos do que para os mais jovens. Nesse caso, como vimos no Capítulo 2, manter uma rotina de trabalho poderia ajudar a ocultar as evidências sobre a

---

[19] Observamos que a média de idade com que trabalhadores de ambos os grupos haviam entrado no mercado de trabalho era idêntica, cerca de 18,7 anos. A menor idade informada no grupo dos *boomers* mais velhos foi de 8 anos e a maior, 23, enquanto no grupo dos *boomers* mais jovens, a menor idade foi de 12 e a maior de 25.

finitude da própria vida e a desfrutar uma velhice digna perante a sociedade.

Onde desejam trabalhar?

Quando perguntados sobre o que gostariam de fazer durante o período em que pretendiam permanecer ativos no mercado de trabalho, as respostas se distribuíram de acordo com o que mostra o Gráfico 12, a seguir:

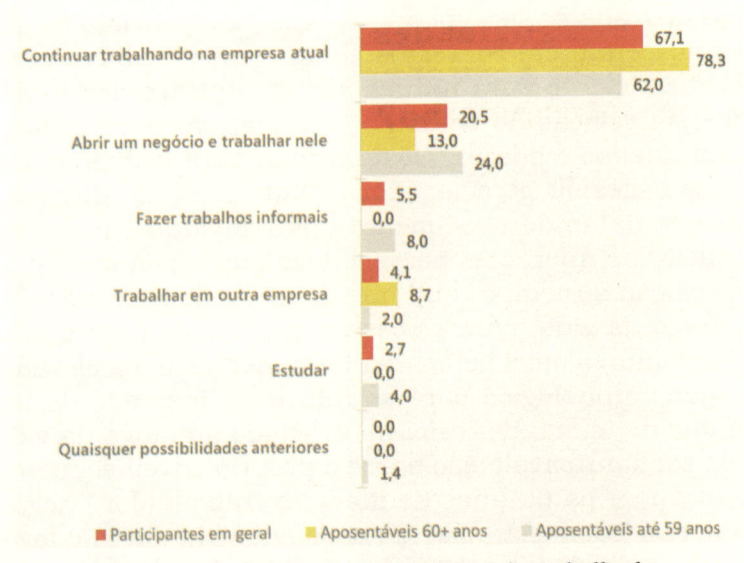

	Participantes em geral	Aposentáveis 60+ anos	Aposentáveis até 59 anos
Continuar trabalhando na empresa atual	67,1	78,3	62,0
Abrir um negócio e trabalhar nele	20,5	13,0	24,0
Fazer trabalhos informais	5,5	0,0	8,0
Trabalhar em outra empresa	4,1	8,7	2,0
Estudar	2,7	0,0	4,0
Quaisquer possibilidades anteriores	0,0	0,0	1,4

Gráfico 12: Ocupação pretendida pelo trabalhador no mercado de trabalho (em %)
Fonte: Elaborado pela autora

O resultado mostrou que a maioria dos trabalhadores prefere manter suas atividades como empregado da mineradora durante todo o tempo em que ainda pretendem permanecer ativos no mercado de trabalho. Entre os idosos, dezoito preferem encerrar suas carreiras na companhia enquanto apenas três pretendem abrir um negócio próprio e sair da mineradora, dois gostariam de ir trabalhar em outra companhia antes de se aposentarem e nenhum deles gostaria de partir para o mercado informal ou estudar. Entre os aposentáveis não idosos, a tendência registrada é a mesma. Enquanto trinta e um trabalhadores desejam trabalhar na mineradora até se retirarem do mercado, doze querem empreender em um negócio próprio e quatro planejam partir para o mercado informal. Apenas um gostaria de ir trabalhar em outra empresa[20].

6.4. As desigualdades de gênero influenciam a presença continuada na força de trabalho?

A indústria da mineração foi movida predominantemente pela mão de obra masculina. Primeiro porque no passado homens e mulheres percebiam oportunidades diferentes em relação à educação. O número de mulheres formadas nas engenharias – de onde vinham grande parte dos empregados do setor de mineração – era pífio, se comparado ao de homens. E segundo porque atividades que envolviam o uso de equipamentos pesados e demandavam esforço físico não eram consideradas adequadas para mulheres. Além disso, a presença delas não era bem vista no mercado de trabalho.

---

[20] Outras duas pessoas utilizaram o campo aberto para destacar que desejam estudar, o que não deixou clara sua opção em termos de trabalho, invalidando quantitativamente suas respostas para tal questão.

Em 1904 foi fundada a companhia que deu origem ao que a mineradora é hoje, mas somente 24 anos depois uma mulher foi admitida para integrar o quadro de empregados da empresa. Atualmente, a empresa desenvolve um programa de equidade de gêneros cujo objetivo é "reconhecer e promover o potencial das mulheres, reduzir a discrepância histórica e cultural de acesso a oportunidades, porém sem criar um ambiente discriminatório". Apesar desse esforço, no ano de 2012 a análise da população de empregados mostrou que as mulheres ainda eram minoria na empresa. Do universo analisado de 70.674 empregados, a distribuição se dava da seguinte maneira:

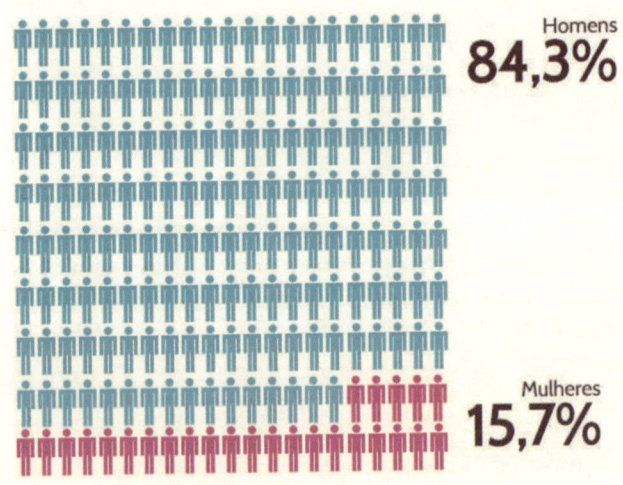

Figura 7: Composição da força de trabalho da mineradora, por gênero

Fonte: Elaborado pela autora

A presença de trabalhadores homens era muito superior, principalmente, nos cargos de nível executivo da companhia. Na ocasião da pesquisa, nenhuma mulher fazia parte do corpo de Conselheiros que, na ocasião, era formado por 29 executivos do sexo masculino. Nos níveis de Diretoria (L5 e L6), de um total de 47 diretores, somente 3

Capítulo 6 – O Envelhecimento da Força de Trabalho... • 137

eram mulheres. Também um nível abaixo na hierarquia, dos 100 postos de Diretoria (L4) apenas 9 eram ocupados por mulheres. Vejamos os Gráfico 13 e 14:

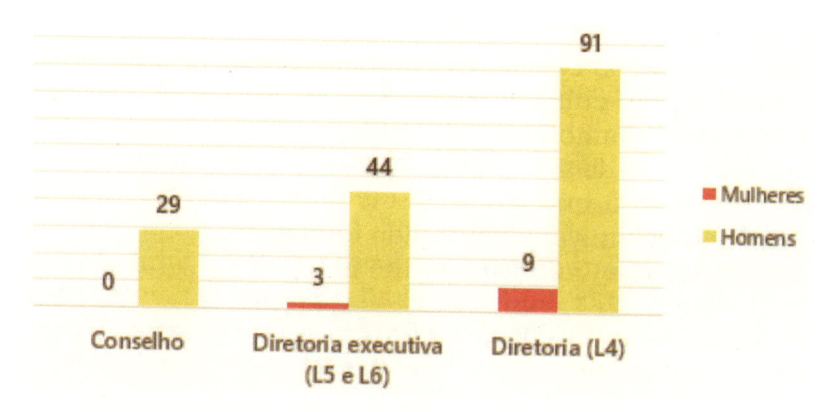

Gráfico 13: Composição dos cargos da alta direção, por gênero
Fonte: Elaborado pela autora com base nos dados coletados na Folha de Pagamento Nominal do mês de julho de 2012

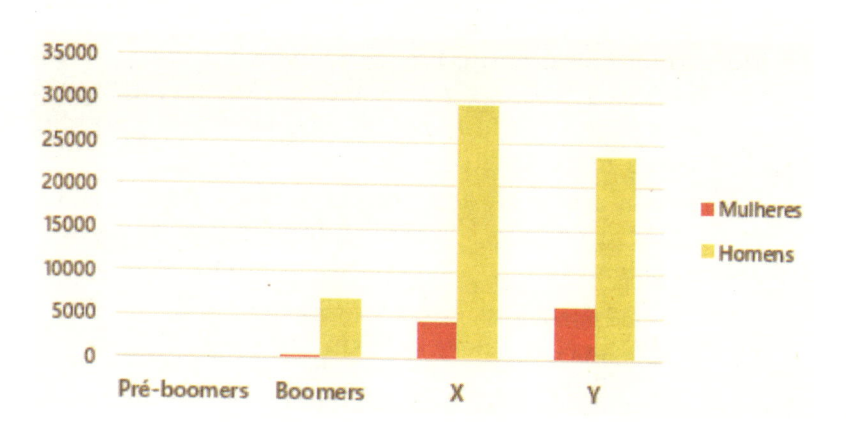

Gráfico 14: Composição da força de trabalho da mineradora, por gênero
Fonte: Elaborado pela autora com base nos dados coletados na Folha de Pagamento Nominal do mês de julho de 2012

A discrepância entre os gêneros era expressiva em todos os cargos e faixas etárias da população de empregados da mineradora. A participação da mulher no mercado de trabalho, especialmente no setor de mineração, continuava sendo inferior à do homem e se acentuava com o avançar da idade. Dos 7.154 trabalhadores pertencentes à geração de *boomers*, 6.744 (94,3%) eram homens e somente 410 (5,7%) eram mulheres.

Esse resultado é fruto do histórico subaproveitamento da capacidade laboral das mulheres no setor de mineração e também nas engenharias. Mulheres que pertencem à geração de *baby boomers* tiveram acesso limitado aos estudos e ao mercado de trabalho porque a mentalidade predominante na época ainda era a de que desde cedo fossem preparadas para cuidar exclusivamente do lar e da família. Como consequência, hoje são poucas as trabalhadoras desta geração que ainda estão ativas no mercado de trabalho. De acordo com os dados analisados, entre os trabalhadores desta geração havia 17 vezes mais homens do que mulheres empregados na mineradora. Os dados também mostram que esse desequilíbrio vem se reduzido proporcionalmente em relação às mulheres mais jovens. Nesses grupos, a participação de trabalhadores do sexo masculino ainda é maior, mas reduz ao patamar de 3 a 6 vezes mais do que a do sexo feminino.

A ausência absoluta das mulheres nos cargos de alto escalão também poderia ser explicada pelo fato de as mulheres se aposentarem mais cedo do que os homens, por não considerarem prioridade a competição por um cargo de tão alto nível, que certamente se traduziria em prejuízos à vida familiar, ou ainda, por decisão da companhia em contratar mão de obra exclusivamente masculina para ocupar tais cargos, hipótese registrada nas conversas informais durante a observação participante.

6.5. Trabalhadores jovens e *boomers* concorrem pelos mesmos cargos?

Vimos que existem argumentos econômicos, culturais e sociais que, por si só, justificariam a criação de meios de incentivo à permanência do trabalhador que possui 60 anos de idade ou mais no mercado de trabalho. No entanto, a presença continuada desses trabalhadores na força de trabalho costuma ser motivo de conflito entre diferentes gerações. Descontextualizados sobre o novo regime demográfico, trabalhadores jovens tendem a se opor à presença continuada dos mais velhos porque lhes parece incoerente mantê-los no mercado enquanto há filas de jovens desempregados aguardando oportunidades de entrada ou recolocação.

O diretor-adjunto do escritório da Organização Internacional do Trabalho (OIT), Vinícius Pinheiro, combate esse pensamento afirmando que "o fato de uma pessoa estar se aposentando mais tarde não quer dizer que ela esteja roubando uma vaga de uma pessoa que está entrando no mercado de trabalho. Porque geralmente uma vaga que se abre por uma pessoa que se aposenta já está no topo da carreira profissional e uma pessoa que entra no mercado de trabalho, entra no começo"[21]. E este seria o principal argumento usado para acabar com as reações contrárias dos trabalhadores mais jovens à presença continuada dos trabalhadores mais velhos no mercado formal de trabalho.

Mais uma questão controversa sobre a presença continuada dos *boomers* no mercado de trabalho que precisa de alguns esclarecimentos. Diferente do que afirma Pinheiro, a aposentadoria não é mais sinônimo de saída da força de trabalho. Logo, não importa muito para essa ar-

---

[21] Diretor-adjunto do escritório da Organização Internacional do Trabalho, OIT, Vinícius Pinheiro. Disponível na URL http://coisadevelho.com.br/ ?p=12236#ixzz2pO5IQkzX. Acessada em agosto de 2013.

gumentação se os trabalhadores mais velhos vão se aposentar ou não. Do ponto de vista do trabalhador, o que determina a disponibilização de uma vaga é quando esses trabalhadores irão efetivamente se retirar do mercado. Como a geração de *boomers* está protagonizando uma nova forma de pensar o trabalho na velhice, é provável que cada vez mais esses trabalhadores permaneçam na força de trabalho para além da aposentadoria. Além disso, é quase certo o fato de que as regras de elegibilidade à aposentadoria serão alteradas pelo governo, forçando a presença continuada a todos aqueles que desejarem um benefício integral.

Não quero dizer com isso que os trabalhadores jovens têm direito a reclamar uma vaga ocupada pelos mais velhos. Mas é preciso que todos entendam corretamente as mudanças que estão se desenhando a partir do novo regime demográfico. E que principalmente desenvolvam uma visão resiliente a respeito.

Isolando uma amostra com pouco mais de 15 mil empregados, foi possível ter uma visão mais clara da dinâmica de ocupação dos cargos da mineradora. Os resultados mostraram que, diferente do que afirma Pinheiro, a concorrência pelos cargos não segue necessariamente a lógica da senioridade pela idade. Muito provavelmente porque as fronteiras entre idade cronológica e carreira já não captem a realidade de uma sociedade que atinge o nível de desenvolvimento tecnológico da sociedade contemporânea e que registra níveis de expectativa de vida tão elevados. A Tabela 4 mostra a disposição desses empregados por família de cargo, geração e gênero:

Tabela 5: População de empregados, por família de cargo (somente para amostra de cargos administrativos)

DESCRIÇÃO DO CARGO	GERAÇÃO	EMPREGADOS F	EMPREGADOS M	TOTAL
Conselheiro	Pré-boomer e Boomer	0	25	29
	Geração X	0	4	
	Geração Y	0	0	
Diretor e Diretor Executivo (L5 e L6)	Pré-boomer e Boomer	1	26	48
	Geração X	2	20	
	Geração Y	0	0	
Diretor (L4)	Pré-boomer e Boomer	1	48	100
	Geração X	8	43	
	Geração Y	0	0	
Gerente (L2 e L3)	Pré-boomer e Boomer	51	436	1946
	Geração X	332	1065	
	Geração Y	15	47	
Analistas Sênior e Master	Pré-boomer e Boomer	79	290	2316
	Geração X	658	877	
	Geração Y	207	205	
Analistas	Pré-boomer e Boomer	140	510	6096
	Geração X	1615	1784	
	Geração Y	1170	877	
Assistentes e Auxiliares	Pré-boomer e Boomer	69	347	5358
	Geração X	650	1360	
	Geração Y	1162	1770	
AMOSTRA:				15.893

Fonte: Elaborado pela autora

De acordo com a Tabela 4, a relação entre idade e nível hierárquico do cargo está se enfraquecendo. Em nenhum dos níveis a ocupação dos cargos se dá por uma única geração, o que é já esperado para cargos medianos. Mas os cargos de maior nível na hierarquia de uma empresa de grande porte seriam, em tese, ocupados por executivos experientes e mais velhos. Em contrapartida, os cargos situados na base da hierarquia organizacional tenderiam a ser ocupados por trabalhadores entrantes ou que ainda estivessem cursando o ensino superior. No entanto, a Tabela 4 mostra que pessoas cada vez mais jovens ocupam cargos de mais alto nível na hierarquia e, também, que pessoas mais velhas aparecem em cargos nos níveis hierárquicos mais baixos.

De acordo com Held (1986 *apud* DEBERT, 2004), "as mudanças ocorridas no processo de produção – principalmente aquelas relacionadas com o processo de informatização, velocidade na implementação de novas tecnologias e rapidez no processo de obsolescência das técnicas produtivas e administrativas – fazem com que a relação entre as grades de idades e a carreira sejam obliteradas". Isto significa tanto que o aprendizado pode ser acelerado pelo uso da tecnologia quanto que algumas atividades que exigem esforço físico podem ser balanceadas com a adoção de recursos tecnológicos. Daí a miscelânea etária na ocupação dos cargos nos extremos da hierarquia organizacional.

A ocupação de cargos de alto escalão por trabalhadores jovens

Na direção *top-down* da hierarquia da estrutura organizacional, cabe destacar a presença de trabalhadores da geração X (31 a 47 anos de idade) em cargos da alta direção: os cargos de Conselheiros. Esses cargos eram tipicamente ocupados por trabalhadores mais velhos, pois teriam tido mais tempo para acumular conhecimento e experiências suficientes para as responsabilidades da função. Entretanto, os dados mostraram que 13,8% dos conselheiros pertencem à geração X.

Contrariando as expectativas, enquanto o indivíduo mais longevo a ocupar um cargo no Conselho da companhia tinha 74,8 anos de idade, o mais jovem a ocupar o mesmo tipo de cargo tinha 43,1 na data de realização desta pesquisa. No mais alto escalão, a diferença de idade entre o trabalhador mais jovem e o mais longevo era de 31,7 anos. E esse é um movimento no mínimo diferenciado, que sugere que a revolução das tecnologias de informação na sociedade do conhecimento pode estar acelerando o processo de aprendizagem dos mais jovens a tal ponto que eles consigam se enquadrar em cargos nos quais a diferença de mais de 30 anos de experiência daria ao trabalhador mais velho exclusividade.

Ainda em relação ao trânsito geracional pelos níveis hierárquicos, a tendência de ocupação de cargos de alto escalão, vista inicialmente nos cargos do Conselho, repete-se nos cargos de nível de Diretoria e Diretoria Executiva (L5 e L6). Nestes níveis, a participação da geração de *boomers* e da geração X praticamente se igualou, sendo que desta última fazem parte diretores com idades entre 38,8 e 46,9 anos. O nível de Diretoria (L4) apresentou o mesmo quadro entre essas gerações. Outro destaque vai para o nível de Gerência (L2 e L3), desta vez com a geração Y se mostrando presente. Embora ainda em pequeno número, se comparada à geração X, trabalhadores com idades menores do que 31 anos já ocupam cargos de gerência nesta que é a maior empresa privada brasileira. Neste nível hierárquico, o mais jovem trabalhador a ocupar um desses cargos possui 25,8 anos de idade. Por outro lado, a presença da geração de *pré-boomers* e *boomers* é significativa neste nível.

Entre os analistas, de todos os níveis, há uma mescla de representações e as gerações se revezam na ocupação dos cargos. A presença de pré-*boomers* e *boomers* é bastante elevada, e embora a geração X e a Y se revezem na liderança de ocupação dos cargos, a presença dos mais longevos ainda é marcante. O nível de Analistas, que inclui juniores e plenos, foi o único que registrou um contingente maior de mulheres do que de homens. Esta diferença ocorreu nos números da geração Y.

A ocupação de cargos de nível iniciante por trabalhadores mais velhos

Até aqui tratamos com destaque a acelerada projeção das gerações mais jovens aos cargos de mais alto nível hierárquico da companhia. Mas outro ponto que chamou a atenção na distribuição dos cargos da amostra foi o fato de que, na base da pirâmide hierárquica da companhia, onde estão situados os cargos comumente ocupados por trabalhadores entrantes no mercado de trabalho, jovens que ainda cursam o ensino médio ou a graduação, havia um expressivo contingente de *boomers*.

Como poderíamos prever, nos cargos de Assistentes e Auxiliares predominam os trabalhadores da geração Y, o mais jovem tem 19 anos de idade. Em contrapartida, há centenas de trabalhadores da geração de *boomers*, alguns com 60 anos de idade ou mais. Para ser mais precisa, enquanto há 9 trabalhadores com 19 anos de idade, existem 15 trabalhadores com 60 anos ou mais. Esses dados sugerem duas interpretações possíveis: uma educação deficiente no passado limitou as oportunidades de crescimento profissional do trabalhador na companhia e ele envelheceu mas não ascendeu na hierarquia, ou talvez o trabalhador idoso que ocupa um cargo para entrantes, hoje, esteja experimentando um processo de reinvenção de si mesmo e de sua carreira, partindo para cargos diferentes daqueles que ocupava anteriormente e nos quais não possui experiência.

Portanto, é imprescindível cuidar para que as relações intergeracionais, que podem ser frutíferas para a colaboração produtiva e importantes na retenção do conhecimento crítico da empresa, não sejam contaminadas pelo entendimento errôneo sobre a presença continuada dos trabalhadores mais velhos na força de trabalho. Se nada for feito para que a sociedade entenda toda a dinâmica de mudanças causadas pela inversão do perfil etário da força de trabalho, em um futuro próximo ocorrerão sérios conflitos intergeracionais entre os idosos – que desejarão ou terão que trabalhar por mais tempo ao longo da vida – e os jovens – que reclamarão um lugar ainda ocupado pelos trabalhadores idosos.

6.6. Programa de preparação para a aposentadoria

Como vimos no Capítulo 2, a aposentadoria é um evento marcante na vida de qualquer trabalhador. Para uns é a oportunidade de descansar, ficar mais tempo com a família, realizar antigos projetos. Para outros, um evento que significa dependência financeira, exclusão social e declínio biopsicossocial. A maneira como cada indivíduo lida com essa fase da vida depende de uma série de fatores que variam de acordo com suas experiências durante o curso de vida, o ambiente em que vive, as oportunidades que percebe e sobretudo da forma como o trabalhador planeja sua aposentadoria. Planejar-se para a aposentadoria significa conhecer antecipadamente as circunstâncias concretas da saída do mercado de trabalho e desenvolver maneiras de lidar com suas consequências, visando mitigar os efeitos nocivos e potencializar as oportunidades de viver com qualidade de vida e bem-estar enquanto aposentado.

As frequentes mudanças nas regras de elegibilidade à aposentadoria e na fórmula de cálculo do benefício, bem como a fragilização dos indivíduos nessa etapa da vida, demandam a existência de suporte institucional que possibilite a garantia dos direitos de cidadania. Para atingir esses objetivos foram criados os PPAs. Os programas de preparação para a aposentadoria sugiram na década de 1950, nos EUA. Aqui no Brasil, os primeiros programas que demonstraram bons resultados foram registrados nos anos de 1980. E um importante avanço ficou por conta do

Art. 28 da Lei nº 10.741, de 1º de outubro de 2003, que instituiu, por meio do Estatuto do Idoso, que a preparação para a aposentadoria é uma obrigação a ser estimulada pelo poder público.

Os PPAs não têm como objetivo o aconselhamento sobre a permanência do trabalhador na organização, mas a garantia de que ele tenha pleno acesso às informações sobre a aposentadoria, valores de benefícios, direitos e deveres e reflexões sobre a passagem da vida profissionalmente ativa para a vida fora do mercado de trabalho. Contribuem ainda para a prevenção de problemas psicossomáticos, tais como alcoolismo e problemas intrafamiliares.

Esse tipo de programa também oferece benefícios para as organizações. Eles contribuem com a redução de fatores que levam à queda da produtividade causada pela ansiedade, pela busca individual por informações e pelos conflitos nos grupos de trabalho. Em alguns casos, promovem uma sensação de confiança e bem-estar devido à atenção da organização com o futuro do trabalhador e o aumento da produtividade do trabalhador que está prestes a se aposentar, pois o coloca na posição de transmissor de conhecimento.

A Lei nº 8.842, de 04 de janeiro de 1994, cap. IV, artigo 10 da Política Nacional do Idoso prevê a criação e o estímulo à manutenção de Programas de Preparação para a Aposentadoria nos setores público e privado, com antecedência mínima de dois anos do afastamento do trabalhador. A definição do escopo e a gestão dos programas ficam a cargo das organizações. Por isso, é bastante comum que os PPAs se baseiem na premissa de que o empregado, prestes a se aposentar, realmente deseja encerrar suas atividades produtivas e ainda, que fez reservas para uma vida confortável na velhice.

Também é comum que as organizações tendam a fazer dos planos de previdência complementares o carro-chefe dos PPAs. Este é o caso da mineradora em estudo. Em 1973, ela criou sua fundação de seguridade social, uma

Capítulo 6 – O Envelhecimento da Força de Trabalho... • 147

entidade fechada de previdência complementar, sem fins lucrativos, com autonomia administrativa e financeira, cujo objetivo é instituir, administrar e executar planos de benefícios de caráter previdenciário e privado, concedendo benefícios suplementares ou assemelhados aos da previdência social, pecúlios ou rendas. Em 2011, a fundação foi citada na revista *Pensions & Investments* como um dos 300 maiores Fundos de Pensão do mundo, sendo o 5º maior fundo de pensão do Brasil em volume de recursos financeiros e o 7º em número de participantes (mais de 100 mil participantes, entre ativos e assistidos).

A fundação também é responsável por um Programa de Educação Financeira e Previdenciária. A Diretora de Seguridade da fundação defende que "nos dias de hoje, o participante deve assumir o papel de protagonista do seu planejamento de futuro. Para que a renda de aposentadoria atenda suas expectativas, é preciso se manter bem informado e acompanhar de perto a formação de sua poupança previdenciária. Soma-se a isso o fato de que os planos de previdência complementar estão cada vez mais flexíveis, dando ao participante a possibilidade de tomar diversas decisões, como a escolha do percentual de contribuição, do perfil do investimento, a realização de contribuições esporádicas para o aumento do montante acumulado em sua conta individual, entre outras questões[22].

Os resultados apontam para diferentes comportamentos entre indivíduos da mesma coorte quando o assunto é a preparação para a aposentadoria. *Boomers* mais jovens parecem ter tido menos acesso à informação sobre a disponibilidade do PPA na companhia. Porém, entre os que declararam que a empresa ofereceu o PPA, eles tiveram a maior participação. Enquanto isso, *boomers* mais velhos, apesar de cientes da existência do PPA, tendem a apresentar maior rejeição ao programa. Em outras palavras,

---

[22] Extraído de um jornal de circulação interna da mineradora, ano XII, no 204 (julho), pp. 2-4.

quanto mais longevos os trabalhadores, maior a urgência na preparação para a aposentadoria, porém menor a adesão ao PPA.

Apesar da existência do PPA, houve divergência entre os trabalhadores quando perguntados se a companhia havia oferecido algum tipo de preparação para a aposentadoria. Apenas 13,7% dos entrevistados reportaram ter participado do PPA oferecido pela companhia. Entre os que reportaram ter participado do PPA, a maioria era de empregados com idades entre 48 e 59 anos. Outros 20,5% reportaram que a companhia havia oferecido o PPA, mas eles não o haviam cursado. A falta de adesão ao programa se mostrou maior entre os trabalhadores com mais de 60 anos de idade. E curiosamente, mais da metade, 65,8% dos trabalhadores aposentáveis que participaram da pesquisa informaram que a mineradora não havia oferecido qualquer tipo de preparação para a aposentadoria.

Alguns fatores podem ser determinantes para a baixa adesão dos empregados aposentáveis da mineradora ao PPA:

- A comunicação do PPA pode ser deficiente;
- Um PPA projetado por meio de processos pouco participativos naturalmente terá baixa adesão dos trabalhadores;
- Sendo oferecido aos empregados cerca de dois anos antes da data prevista para a aposentadoria, alguns empregados podem já ter um planejamento prévio ou julgar que dois anos não são tempo hábil para planejar a aposentadoria;
- Se a cultura organizacional não valoriza a experiência nem reconhece os trabalhadores mais velhos, eles tendem a perceber o PPA muito mais como uma ameaça do que como uma oportunidade. E naturalmente, temendo uma demissão precoce, eles evitam o PPA;

- O conteúdo ou o formato do PPA pode não estar alinhado às expectativas dos trabalhadores, uma vez que se concentra totalmente na saída do trabalhador da força de trabalho.

Enquanto a companhia se preocupa em estimular a saída do trabalhador aposentável de seu quadro de funcionários, além de ainda não conseguir oferecer o PPA de forma satisfatória e abrangente, ela tira o foco das questões centrais do envelhecimento da força de trabalho, como as expectativas dos trabalhadores para segunda carreira, a transferência de conhecimento, a cobertura de *gaps* como a escassez de mão de obra qualificada, entre outros.

Capítulo 7

O Cenário Brasileiro à Luz dos Pilares do Envelhecimento Ativo

Politicamente, a maior parte dos países em desenvolvimento que já alcançaram altos índices de envelhecimento populacional está se tornando gerontocracia. Nesses países, os cidadãos mais velhos possuem o menor nível de pobreza, são o segmento mais rico da sociedade e impõem uma incomparável e crescente influência política, uma vez que configuram a maior parte dos eleitores que votam, conquistando com isso a dedicação dos políticos (LEIBOLD & VOELPEL, 2006). Já em países menos desenvolvidos, como o Brasil, a realidade da população mais velha é bem diferente. Uma vez que esses países estão envelhecendo velozmente antes de enriquecerem, os cidadãos mais velhos sofrem com a deficiência das principais áreas estruturantes da vida.

Estudos realizados pela Organização Mundial de Saúde (OMS) demonstraram que para garantir um envelhecimento ativo é imprescindível que as políticas públicas de um país sejam orientadas por um modelo que responda às demandas de uma população em pleno processo de envelhecimento. Envelhecimento ativo é o termo cunhado pela Organização Mundial de Saúde (OMS) para representar "o processo de otimização das oportunidades de saúde, participação e segurança, com o objetivo de melhorar a qualidade de vida à medida que as pessoas ficam mais velhas". A palavra 'ativo' vai além da capacidade de estar fisicamente ativo ou de fazer parte da força de trabalho. Ela refere-se também à participação contínua nas questões sociais, econômicas, culturais, espirituais e civis (OMS, 2005). De acordo com esta visão, trabalhadores aposentados e pessoas que apresentam alguma doença ou vivem com alguma necessidade especial podem continuar a contribuir ativamente para com seus familiares, companheiros, comunidades e países.

Este modelo foi estabelecido no documento conhecido como Marco Político do Envelhecimento Ativo (OMS, 2002) e alicerçado sobre três importantes pilares: saúde, participação e proteção. Mais tarde, no ano de 2013, KALACHE (2013) introduziu o quarto pilar para o envelhecimento ativo: a educação continuada. Estes pilares formam a base da qualidade de vida à medida que os indivíduos envelhecem, independente da cultura do país onde vivem as pessoas idosas. Eles constituem um modelo criado para que indivíduos e grupos possam explorar seu potencial físico, social e seu bem-estar mental por meio do curso de vida e, ao mesmo tempo, para suportá-los, garantindo proteção adequada, segurança e cuidados de saúde de acordo com suas necessidades, seus desejos e capacidades.

O objetivo deste capítulo é estabelecer uma comparação entre o que foi originalmente proposto pela OMS como forma de viabilizar um envelhecimento ativo da população de qualquer país e o que efetivamente foi observado a partir das entrevistas e da análise social e demográfica da população de empregados da mineradora em minha pesquisa de mestrado.

Pilar 1: Saúde

Definido pela OMS (2002): primeiro e mais universal dos pilares do envelhecimento ativo e requisito para usufruir da qualidade de vida, a saúde está relacionada à diminuição dos fatores de risco de doenças crônicas e de declínio funcional, assim como à elevação dos fatores de proteção para que os indivíduos sejam capazes de cuidar de suas próprias vidas à medida que envelhecem, demandando pouco ou nenhum tratamento médico e serviço assistencial oneroso e, ainda, garantindo que aqueles que realmente precisem de assistência tenham acesso a uma gama de serviços sociais e de saúde que atendam às suas necessidades sem prejuízos de seus direitos, sejam homens ou mulheres, ao longo da vida (OMS, 2005).

Quadro verificado em campo (2013): para o trabalhador, o sistema de saúde pública é precário no Brasil e o ônus dos cuidados com a saúde é dividido entre governos, empregadores e trabalhadores. Porém, o foco desses cuidados não está centrado na mitigação dos riscos de diminuição da capacidade cognitiva devido ao avanço da idade cronológica nem na prevenção de doenças crônicas típicas da velhice. Com um sistema público de saúde precário e distante da realidade anunciada pelo novo regime demográfico, o trabalhador se vê obrigado a recorrer aos planos de saúde privados, que têm a maior parcela do custo arcada pela empresa empregadora, como parte do pacote de benefícios oferecido ao funcionário. Ocorre que esses planos custam caro, e o trabalhador idoso tem certeza de que não poderá arcar com o seu custo na condição de aposentado, principalmente quando o plano atende a toda sua família, pois normalmente percebe alguma perda no valor da renda quando se aposenta. E isso faz com que sua presença continuada no mercado de trabalho não seja uma opção, mas uma questão de necessidade.

É uma questão preocupante o fato de um país que envelhece velozmente nem priorizar políticas de saúde fundamentadas na prevenção dos males da velhice nem as de atendimento primário. E pior: que já tendo trabalhado por cerca de 40 anos, o cidadão idoso precise trabalhar por tempo superior ao exigido por lei para sua aposentadoria porque não possui condições financeiras para arcar sequer com os custos de um plano de saúde para si mesmo, ao mesmo tempo que não pode contar com um sistema público de saúde eficiente que supra a demanda por um plano particular.

Pilar 2: Participação

Definido pela OMS (2002): É fundamentalmente o motivo para manter a boa saúde. Ocorre quando os indivíduos percebem oportunidades de se manterem engajados em atividades que os mantenham ativos na sociedade. A participação contribui para manter a autoestima e o senso de valor do indivíduo (KALACHE A., 2013). Está relacionada às oportunidades do mercado de trabalho e emprego, de políticas sociais e de saúde, e aos programas que apoiam a participação integral em atividades socioeconômicas, culturais e espirituais, conforme seus direitos humanos fundamentais, respeitando capacidades, necessidades e preferências dos indivíduos (OMS, 2005). Inclui ações para permitir que o indivíduo experimente uma transição gratificante em relação a uma experiência diferenciada da aposentadoria, percebendo oportunidades e sendo capaz de fazer escolhas sobre o que ele deseja realizar neste período da vida.

Quadro verificado em campo (2013): pilar de maior relevância para este estudo, não porque os outros três sejam menos importantes, mas porque este pilar está diretamente relacionado ao trabalho. No que se refere ao mercado formal de trabalho no Brasil, as oportunidades para um envelhecimento ativo são precárias, e a aposentadoria ainda é uma experiência abrupta, traumática e, em alguns casos, compulsória.

As organizações ainda não adotaram estratégias para tratar a questão da mudança do perfil etário da força de trabalho, seja em termos de atração, retenção, regeneração, segunda careira, ou mesmo apoio à retirada dos trabalhadores do mercado. A legislação não é agente facilitadora para modalidades alternativas de aposentadoria, como a aposentadoria faseada, por exemplo. E também não há iniciativas nessa direção por parte dos empregadores. As organizações, de modo geral, ainda não despertaram para a necessidade de incluir em seus modelos de gestão o contingente de trabalhadores idosos. Eles ainda são expurgados do mercado, principalmente devido à discriminação causada pela ação das construções sociais acerca do trabalho do velho e da própria velhice. O que significa dizer que, se nada for feito, desprovidos de oportunidades para entrar ou permanecer no mercado de trabalho e de poupança, os idosos tendem a ser tornar economicamente dependentes.

Os ambientes organizacionais ainda são hostis aos trabalhadores mais velhos. Em relação à organização do trabalho, não identificamos qualquer iniciativa que buscasse respeitar as especificidades dos trabalhadores idosos. Se por um lado isso parece inclusivo – como o parece no caso de avaliar os trabalhadores com 60 anos de idade ou mais todos da mesma forma que se avaliam os mais jovens -, por outro é a manifestação de uma sociedade que não está preparada para enxergar com resiliência as características específicas da velhice e, muito menos, de uma sociedade que será predominantemente velha nas próximas décadas.

Pilar 3: Segurança

Definido pela OMS (2002): significa que no caso de os outros dois pilares anteriores falharem, o indivíduo receberá suporte que atenda às suas necessidades primárias, como abrigo, alimentação adequada, segurança financeira, serviços médicos e sociais que garantam além de assistência, proteção e dignidade ao indivíduo longevo, nesse momento particular da vida quando ele se torna mais vulnerável devido a doenças e deficiências (OMS, 2005).

Quadro verificado em campo (2013): no que tange à segurança relacionada a fatores econômicos, é importante dizer que eles têm grande impacto sobre o envelhecimento ativo. Um dos motivos é que "a percepção de uma renda inadequada ao longo da vida e na velhice influenciam as escolhas acerca da nutrição, dos arranjos domésticos e da participação social" (KALACHE A. , 2013).

Alguns dos trabalhadores que participaram da pesquisa moram sozinhos ou são chefes de família e estão certos de que não terão suporte adequado no caso de se retirarem do mercado de trabalho pois, para muitos deles, o trabalho é uma questão contingencial. Vimos que há trabalhadores mais velhos que vêm sustentando até quatro gerações da família. Portanto, a perda do trabalho formal representa não apenas as possíveis perdas salariais frente ao fator previdenciário, como também a perda do plano de saúde familiar, da bolsa de estudos para os filhos mais jovens, do auxílio alimentação. Apesar de o sistema de previdência social brasileiro ser um dos mais generosos do mundo, ele não parece suficiente para garantir qualidade de vida e bem-estar ao trabalhador.

Em relação à proteção social, um fator preocupante é a probabilidade de acentuação dos conflitos intergeracionais. E também a questão da discriminação etária no ambiente organizacional, que pode contribuir para o declínio da produtividade e a decisão pela aposentadoria antecipada em detrimento da presença continuada do trabalhador mais velho no mercado formal.

Pilar 4: Educação Continuada

Proposto por Kalache (2013): Quarto e último pilar, este proposto mais tarde por Kalache, a educação continuada visa a prover competências relevantes, informação e conhecimento indispensáveis a participação do indivíduo longevo na sociedade. Não está relacionado a aprendizado acadêmico nem a treinamento formal, mas a todas as formas de aprendizado, até as mais simples, como aprender a usar determinada tecnologia da vida cotidiana, uma nova atividade, um novo hobby etc, coisas que contribuem para que o indivíduo se mantenha atualizado e conectado à comunidade e à sociedade em geral (KALACHE A., 2013).

Quadro verificado em campo (2013): uma questão preocupante é o fato de o trabalhador estar chegando à velhice sem reservas que, somadas ao benefício da aposentadoria, confiram a ele condições adequadas para sustentar a si próprio e/ou a sua família. O brasileiro não desenvolveu uma cultura de poupança para a velhice, ele poupa para comprar um carro, comprar uma casa, ajudar os descendentes, mas não para a fase da velhice. Parte disso é resultado de uma educação que privilegia a juventude e ignora os horizontes do planejamento para a velhice.

Educar para a velhice é algo que se torna cada vez mais urgente. É preciso ensinar aos indivíduos que, vivendo mais, eles não poderão continuar dividindo sua vida da mesma forma que seus antepassados fizeram. É preciso ensinar que o plano de vida deve cobrir melhor as necessidades e oportunidades da velhice porque ela vai durar muito mais tempo do que a velhice de seus antepassados. E os indivíduos precisam saber o que fazer com o tempo extra de vida que irão ganhar.

Parte IV
Em Busca de um Novo Olhar

O inconsciente humano é atemporal, não distinguindo passado, presente ou futuro. Em termos de circulação de energia psíquica não há jovem, nem velho. O que importa é o desejo de viver e este não tem idade (Elisabeth Adler, 1999).

A mente que se abre para uma nova ideia jamais retornará ao seu tamanho original (Albert Einstein).

Capítulo 8

Quando os Trabalhadores se Tornam Pais de seus Pais: Novos Desafios para a Gestão de Pessoas

Nos capítulos anteriores vimos que as mudanças demográficas que resultam no envelhecimento da força de trabalho, a natureza mutável do trabalho, as plataformas emergentes para alcançar as metas de produtividade – incluindo tecnologia e flexibilidade no local de trabalho –, a ressignificação da velhice e o protagonismo dos trabalhadores mais velhos estão aumentando ainda mais a necessidade de planejamento e gestão estratégicos de recursos humanos nas organizações. Também vimos que a compreensão de questões relacionadas ao envelhecimento ativo da população é um *input* essencial para orientar este processo, que tem como ponto de ebulição o aumento do contingente de trabalhadores idosos na força de trabalho.

No entanto, é preciso saber que o envelhecimento da mão de obra propriamente dita não é a única dimensão importante a ser considerada. Outra dimensão notável do impacto do envelhecimento populacional, que não faz parte da pauta de discussões dos gestores de empresas e também dos gestores de políticas públicas, mas que influenciará cada vez mais os indicadores de produtividade e absenteísmo dos trabalhadores e será um grande desafio para a saúde pública é a crescente demanda por assistência aos pais dos trabalhadores que se tornarem dependentes, sobretudo devido ao severo declínio causado por doenças crônicas típicas do envelhecimento biológico.

Por viverem mais, pessoas idosas têm mais chances de desenvolver múltiplas doenças crônicas não transmissíveis. Doenças crônicas não transmissíveis como câncer, demência, bem como sequelas de infarto ou acidente vascular cerebral (AVC), demandam assistência contínua e especializada, podem requerer intervenções cirúrgicas, tratamentos invasivos e dolorosos, e até causar episódios agudos nos quais os cuidados especializados e a participação direta da família precisam ser imediatos e ainda mais intensificados.

Se por um lado, a ciência está avançando cada vez mais no sentido de postergar a finitude da vida, por outro, os mesmos avanços estão fazendo emergir uma sociedade com crescente número de indivíduos longevos que se tornarão mais protegidos contra as principais causas biológicas de morte, mas que ainda estarão demasiado suscetíveis aos males da velhice. Males que não são causadores de morte abrupta, mas que debilitam dramaticamente a vida do indivíduo e comprometem sua independência. Exemplo disso são as demências, entre as quais o Alzheimer é a mais difundida.

De acordo com dados da Associação Brasileira de Alzheimer (Abraz), dos mais de 15 milhões de brasileiros com idades acima de 60 anos, cerca de 900.000 sofrem de Alzheimer, tipo de demência responsável por 6% do total de casos de demência registrados. E esses números são ainda mais preocupantes porque no Brasil, que já é o 9º país em número de casos de demência entre a população total, é um dos poucos países da América Latina que não possui um plano nacional de demência e onde estima-se que haja um número significativo de pessoas que têm a doença, mas ainda não foram diagnosticadas e, portanto, não estão submetidas a tratamento.

Dito isto, fica a pergunta: em um cenário em que nem os sistemas de prevenção nem os de proteção social atendem minimamente as demandas de saúde e bem-estar de uma população que cresce rapidamente em número de pessoas longevas, o que faremos quando a demanda por assistência aos pais idosos e dependentes se tornar demanada simultânea de um número expressivo de trabalhadores?

Hoje até pode parecer que este dilema diz respeito unicamente ao trabalhador e seus familiares, e que não é da conta das organizações a forma como o processo de assistência aos pais de seus empregados ocorrerá. Mas na prática, não é desse jeito que as coisas vão funcionar. Assim como a crença de que a velhice era uma mazela de cunho individual e âmbito meramente familiar já caiu por terra, como vimos no Capítulo 3, governos, empresas e trabalhadores precisarão unir esforços no enfrentamento desse desafio, se não quiserem agravar ainda mais a crise na força de trabalho.

Quem vai cuidar dos nossos pais?

Atualmente as alternativas mais comuns para lidar com a impossibilidade de cuidar pessoalmente dos genitores devido à carga horária de trabalho são: recorrer a instituições de longa permanência para o idoso (ILPIs); contratar os serviços de cuidadores de idosos; contar com redes de apoio à pessoa idosa; ou transferir para outro membro da família a responsabilidade pelos cuidados. Ocorre que ter acesso a qualquer uma dessas alternativas não é tarefa simples para a família de uma pessoa idosa que requer cuidados especiais.

A negociação para que algum outro familiar assuma a responsabilidade pelos cuidados com a pessoa idosa dependente costuma parecer a forma mais econômica, ágil e segura para lidar com a situação. No Brasil, como é comum as mulheres perceberem remunerações menores do que as dos homens no mercado de trabalho, elas são usualmente "escolhidas" para abandonar seus trabalhos e cuidar pessoalmente do idoso dependente em tempo integral. Este é um aspecto da demanda por cuidados especialmente relacionado à questão de gênero em nossa sociedade.

O problema é que, se por um lado, a família que precisa cuidar da pessoa idosa tem sua demanda atendida, por outro, a mulher que abandona seu emprego involuntariamente assume para si as mazelas de uma velhice sem aposentadoria ou com benefícios parciais, por conseguir cumprir o tempo requerido de contribuição para a aposentadoria integral, podendo desencadear outros problemas no futuro, como pobreza e a falta de assistência para si própria na velhice.

Além disso, como uma cuidadora familiar ela assume a responsabilidade pelos cuidados, sem nunca em sua vida ter recebido capacitação profissional para tanto. Ao mesmo tempo que ter um cuidador familiar pode significar uma certa tranquilidade para a família, também pode ser um risco para o idoso devido à falta de conhecimento técnico sobre os procedimentos adequados para cuidar das doenças que o desabilitaram.

Ainda há muito preconceito em relação às ILPIs. Primeiro porque muitas dessas instituições realmente apresentam históricos de qualidade questionável dos serviços prestados, o que causa desconfiança nas famílias e legítimo pavor aos idosos. E segundo porque a sociedade critica com rudez os descendentes que entregam uma pessoa idosa aos cuidados de uma instituição desse tipo. A decisão por transferir a uma ILPI os cuidados com os genitores ainda é considerada desprezível, exatamente porque o imaginário coletivo percebe essas instituições como lugar de abandono e maus tratos. Não bastassem esses dilemas, há ainda o fato de que as filas de espera para a residência em ILPIs são longas. Mesmo nas instituições privadas, que têm custo elevado, não é fácil conseguir uma vaga. Nem preciso comentar sobre as entidades filantrópicas ou públicas. O fato é já não haver ILPIs suficientes para atender à crescente demanda gerada pelo aumento do contingente de indivíduos idosos que necessitam de um local para viver e receber cuidados adequados hoje demonstra que, se nada for feito, esta situação se agravará cada vez mais.

Diante de um cenário como este, não é raro que a família decida pela não institucionalização. Neste caso, normalmente recorre-se à figura de um cuidador. Dependendo do tipo de cuidado que o idoso requeira podem ser necessários dois ou mais cuidadores trabalhando em esquemas de revezamento por turnos. Ocorre que a demanda por cuidadores profissionais também já é maior do que a oferta. Além disso, nem todos os idosos – e seus familiares – possuem condições financeiras para arcar com esse custo. Isso tem feito com que empregadas domésticas e outras pessoas que não possuem formação adequada para cuidar dos idosos se tornem cuidadoras. Some a isso o fato de que até mesmo os cuidadores profissionais precisam ser melhor capacitados para lidar com pessoas que possuem doenças crônicas – às vezes, múltiplas – e família terá um grande desafio.

Os trabalhadores podem recorrer às redes independentes de atendimento à pessoa idosa. Mas é preciso contar com a sorte e com o fato de que essas redes de apoio nem sempre possuem recursos adequados para a demanda específica de cada idoso, nem mesmo recursos suficientes para atender a todos que buscam ajuda.

E para piorar, o país investe pouco em fomentar o surgimento, a proliferação e a manutenção de pequenas redes locais de cuidados à pessoa idosa. De outra modo, poderia estar investindo e promovendo seriamente inovações sociais que se traduzem em novos meios de acesso a cuidados, principalmente para as famílias de baixa renda, que não possuem recursos para a contratação de cuidadores.

Por fim, a não ser que o trabalhador seja servidor público e esteja amparado pela Lei nº 8.112/1990, alterada pela Lei nº 12.269/2010, que juntas[23] garantem o direito à licença – por até 60 (sessenta) dias, consecutivos ou não, mantida a remuneração do servidor e por até 90 (noventa) dias, consecutivos ou não, sem remuneração – ele não possuirá amparo legal para se ausentar do trabalho e cuidar do genitor idoso doente, sem prejuízo da remuneração, às vezes, até mesmo do emprego.

Sem alternativas, o trabalhador passa a viver um embate dramático entre a necessidade de cuidar dos seus genitores em tempo integral e, ao mesmo tempo, trabalhar. Portanto, chega a beirar a ingenuidade acreditar que a demanda por assistência aos pais dos trabalhadores é um problema particular e que as organizações poderão continuar se reservando o direito de cruzar os braços e não fazer parte da mitigação dos efeitos desse drama familiar contemporâneo sobre os indicadores de produtividade e absenteísmo. Hoje, o absenteísmo já é apontado como um dos principais fatores que prejudicam a produtividade das empresas. De acordo com pesquisa do IPEA (2014), na indústria de transformação o absenteísmo é o 10º fator a contribuir para a queda de produtividade, nos segmentos de baixa intensidade tecnológica – dos quais fazem parte, indústrias de alimentos, de bebidas, têxteis, vestuário e acessórios, entre outras – ele ocupa a 3ª colocação e especificamente na indústria de alimentos, o absenteísmo é o fator mais impactante, ocupando a 1ª posição do *ranking*.

---

[23] Disponível na URL http://jus.com.br/artigos/21905/licenca--por-motivo-de-doenca-em-pessoa-da-familia-efeitos-da-lei-n-12--269-2010-sobre-situacoes-consolidadas#ixzz3P6FaNDj8. Consultado em janeiro de 2015.

O Caso do Gerente de uma Pequena Empresa

Em meados de 2014, o gerente de processos e qualidade de uma pequena empresa de especialidades químicas com cerca de 60 empregados viveu a experiência mais devastadora dos seus 42 anos de vida: o adoecimento simultâneo de seus pais. Em um período de 6 meses, a rotina de trabalho do funcionário, a quem vamos chamar de Bernardo, mudou do estilo *workaholic* para a incapacidade verificada de trabalhar.

Entre um extremo e outro, os 500 km quilômetros de estrada que o separavam dos pais e também provocavam diversas pausas no trabalho para a realização de ligações telefônicas que tinham o intuito de oferecer algum apoio, talvez muito mais emocional do que operacional. Pouco depois, pequenas tarefas do caminho irrefutável de um trabalhador que era também filho único de um casal de idosos, o pai com 94 e a mãe com 82 anos de idade, se multiplicaram. Pesquisar especialistas, marcar consultas e exames que já eram tantos a ponto de confundir os pais, trocar e-mails com os médicos, tratar da microcirurgia do pai.

Aos 94 anos de idade, o pai começou a sofrer de uma surdez parcial que se agravava progressivamente apesar da intervenção cirúrgica e do aparelho auditivo. Já não podia ouvir os médicos e se recusava a fazer leitura labial. Sua esposa, mãe de Bernardo, o acompanhava a todos os lugares. Mas a velhice também estava impondo-lhe duras limitações: frequentes lapsos de memória que começaram a comprometer sua vida coitidiana. Em um dado momento, o pai não podia ouvir as recomendações médicas e a mãe, que as ouvia perfeitamente bem, esquecia todas elas pouco depois.

Àquela altura a segurança e o bem-estar de ambos estava comprometida e administrar tudo à distância tornou-se impossível para Bernardo. Então as ligações telefônicas esporádicas durante o expediente se transformaram em frequentes voos Rio-BH-Rio. Bernardo precisava dar conta, ao mesmo tempo, das atividades de gerente que lhe haviam sido confiadas e da bateria de consultas, exames e medicamentos dos pais. Ao todo, 30 exames e 64 consultas em cerca de 6 meses, segundo seus registros.

O trabalho foi flexibilizado e, nos 2 ou 3 dias em que Bernardo estava em BH, passou a ser feito da casa de seus pais. As reuniões de trabalho aconteciam por Skype e o restante das demandas em variadas trocas de e-mails e ligações telefônicas.

Decididos a não recorrer a uma ILPI e sem nenhum outro familiar que pudesse se dedicar em tempo integral a cuidar do casal de idosos, a empregada doméstica mudou de profissão e se transformou em cuidadora 5 dias por semana. Parecia a solução perfeita dado o grau de confiança na senhora, que inclusive já trabalhava para a família há décadas. Pouco tempo depois, verificou-se que a perda auditiva era causada, na verdade, por um tumor cerebral, apenas a ponta do que mais tarde foi diagnosticado como um câncer metastático. O câncer metastático é o tipo doença crônica não transmissível no qual as células cancerígenas que se desprendem do tumor primário e se instalam em um ou mais órgãos, impossibilitando a cirurgia e, em estágios mais avançados, até mesmo qualquer tratamento que não seja o paliativo. Em geral, a qualidade de vida e a independência do paciente que possui metástase declinam rapidamente. E foi exatamente isso o que aconteceu com o pai de Bernardo.

A essa altura, a antiga empregada doméstica então contratada como cuidadora já não era suficiente. Bernardo já não conseguia executar suas atividades profissionais à distância, menos ainda retornar ao escritório da empresa no Rio toda semana. Precisou de algumas semanas para conseguir providenciar tudo o que era preciso para assistir os pais: da contratação formal de três cuidadoras que se revezavam por 24h, aos novos exames, medicamentos, adaptações na casa, compra de equipamentos e toda a sorte de aparatos necessários para aumentar a segurança e o conforto dos pais em casa.

Na pequena empresa de especialidades químicas todos sabiam do episódio. Mas em termos práticos, já não se sabia se Bernardo estava em um *home office* improdutivo, se estava gozando de férias ou se havia abandonado o emprego de vez. De fato, uma situação nem um pouco confortável para trabalhador e empregador, pois nenhuma das partes sabia exatamente como lidar com a situação sem que uma delas fosse prejudicada. O afastamento assumiu o caráter de 30 dias de férias e a empresa arcou com o ônus do restante dos dias nos quais o trabalhador esteve ausente.

Ao final dos quase dois meses afastado do trabalho, o quadro do pai era de declínio total. Estavam sendo administrados cuidados paliativos. O estado da mãe também já requeria cuidados mais sérios, pois se agravava a cada dia. Ainda assim, Bernardo retornou ao Rio, mas não conseguiu retornar ao trabalho. Com um severo quadro de depressão, uma licença atestada por médicos do trabalho o afastou compulsoriamente do trabalho por mais algumas semanas. E todos sabem como essa história termina tanto para Bernardo quanto para seu pai.

É importante dizer que este caso não representa a grande maioria das famílias brasileiras. Não porque os idosos dessas famílias tenham recuperações excepcionais ou porque seus filhos não sejam acometidos por patologias como a depressão ou afins. E sim, porque a maior parte das famílias brasileiras não tem acesso ao sistema privado de saúde nem dispõe de condições financeiras de assumir para si o ônus de manter um *home care*. Agora pense: como seria se outros trabalhadores da pequena empresa estivessem vivenciando o mesmo problema simultaneamente? Lembre que as chances deste tipo de questão ocorrerem se elevam à medida que a expectativa de vida aumenta sem ser acompanhada pela probabilidade de cura dessas doenças e pela melhoria dos sistemas de saúde e proteção social.

Levando em conta que os níveis de fecundidade caminham para índices abaixo da taxa de reposição, enquanto que os de longevidade tendem a se elevar rapidamente, e que a ciência ainda não obteve a cura para doenças crônicas que tipicamente acometem a população idosa, a demanda por assistência deverá se deslocar gradualmente das gerações mais jovens para as mais velhas. Isso não quer dizer que os direitos dos trabalhadores que têm filhos serão extintos. Não é isso. Mas a necessidade de cuidar dos genitores será cada vez maior, o que na melhor das hipóteses provocará o surgimento de inovações sociais e melhorias nos sistemas de saúde e proteção social à pessoa idosa e sua família, e na pior delas, aumentará o nível de pobreza das famílias que precisarem abrir mão de uma renda em função dos cuidados ou o contingente de pessoas idosas negligenciadas, e também os conflitos entre empregados e empregadores por falta de uma legislação que se adeque à nova realidade demográfica do país.

Do ponto de vista dos empregadores, o que precisa acontecer o quanto antes é o entendimento de que os limites da gestão de pessoas precisarão se alargar. Por isso, não basta aos gestores responder a pergunta "quem vai cuidar dos nossos pais enquanto trabalhamos?". As fronteiras da gestão de pessoas estão se deslocando juntamente com a configuração da demanda por assistência. Por isso, é preciso pensar em **como vamos gerir as múltiplas dimensões da força de trabalho no contexto forjado pelo novo regime demográfico?**

Capítulo 9

Que Intervenções são Possíveis Já?

Populações com elevada proporção de pessoas com 60 anos ou mais apresentam prioridades diferentes se comparadas àquelas sociedades majoritariamente compostas por crianças, jovens ou adultos jovens. Ocorre que crescendo numericamente essas necessidades, que eram específicas de pequenos grupos de indivíduos idosos, passam a ser compartilhadas por grandes grupos e assim adquirem representatividade e demandam mudanças significativas. No que diz respeito a trabalho, emprego e renda, tudo indica que além de significativas, as transformações precisarão ser disruptivas, exigindo a mudança de *mindset* dos *stakeholders* tanto acerca da velhice quanto do trabalhador idoso e, até mesmo, da própria gestão da força de trabalho que, no primeiro momento, será altamente diversificada e, mais tarde, marcada pela forte presença de trabalhadores mais velhos.

Mudanças podem parecer complexas, onerosas e arriscadas e, por isso, costumam provocar resistência nos indivíduos mais conservadores. Mas no que diz respeito ao impacto do envelhecimento populacional no campo do trabalho, não há espaço para a inércia nem para o anacronismo porque o envelhecimento da população é um fenômeno que, por si só, dispara transformações irreversíveis com as quais é preciso aprender a lidar o quanto antes sob pena de pôr em risco a organização, os trabalhadores e a economia. Considerando que o Brasil ainda está na rota da conquista do desenvolvimento econômico, mas já se encontra entre os países de maior expressão em relação ao contingente da população idosa, as organizações brasileiras já não podem postergar o endereçamento dos desafios e das oportunidades do envelhecimento da força de trabalho. Se o fizerem serão penalizadas com declínio em produtividade e competitividade.

A questão é: como quebrar esse paradigma perverso em que se reconhece a urgência da mudança, mas não se consegue mudar? Agora que você já leu os capítulos deste livro que conduzem à compreensão das implicações do envelhecimento da população sobre o trabalho, é preciso avançar na direção de elaborar estratégias que efetivamente respondam aos desafios impostos. Este capítulo mostra que para começar, sua organização precisará definir os objetivos, as responsabilidades e os papéis de todos os *stakeholders* envolvidos nessa empreitada e então proceder às intervenções propriamente ditas. O capítulo traz ainda exemplos de como algumas organizações estão atuando neste sentido.

9.1. A necessidade de definir objetivos claros e integrados

Em geral, a maioria dos empregadores desconhece a dinâmica e as implicações do envelhecimento da força de trabalho, principalmente, no que tange à gestão do conhecimento acumulado pelos trabalhadores mais velhos sobre a empresa e o negócio ao longo de toda sua vida profissional. Muitos deles sequer obtiveram informações sobre a estrutura etária de sua própria força de trabalho e, portanto, ainda não identificaram os núcleos onde se concentram grandes contingentes de trabalhadores mais velhos

– áreas nas quais a organização está mais suscetível a enfrentar altas ou baixas taxas de aposentadoria (MUNNELL & SASS, 2009) – nem o que a gestão da produção e de pessoas pode fazer em resposta aos desafios impostos pela aposentadoria em massa ou, inversamente, pela presença continuada de grande número de trabalhadores idosos na força de trabalho.

Adotar um modelo de gestão focado em uma força de trabalho que está sendo impactada pelo envelhecimento da população requer a definição de objetivos claros e integrados que respondam a questões cruciais relacionadas à produtividade, inovação e crescimento, processos de trabalho, conhecimento e capacidade de aprendizagem, gestão e liderança, identidade, cultura, além de competitividade global. O processo de definição desses objetivos pode se apoiar na busca por respostas às seguintes perguntas – mas não somente a elas:

- O que acontecerá com a produtividade da organização se ela não conseguir os trabalhadores necessários ou se houver uma saída em massa dos trabalhadores jovens?
- Como capitalizar sobre a diversidade de sua força de trabalho e fazer com que empregados de diferentes gerações colaborem produtivamente?
- E se muitos de seus melhores trabalhadores saírem da companhia por motivo de aposentadoria ou atritos intergeracionais no trabalho?
- Que medidas serão adotadas quando muitos de seus trabalhadores adultos estiverem pressionados a assumir os cuidados com seus genitores doentes e dependentes?
- O que acontecerá quando as diferenças de estilo de trabalho dos empregados – como estrutura das equipes, método de aprendizado preferido, proficiência no uso de tecnologias e atitudes em relação à hierarquia – tornarem-se diversificadas e nítidas?

- Qual o destino do conhecimento institucional de uma organização quando os empregados que realmente conhecem o negócio, os *stakeholders*, as peculiaridades da empresa e das relações se aposentam de uma vez?
- Como a organização manterá sua cultura e identidade frente ao aumento da diversificação, a mobilidade e o *turnover*, e a dispersão geográfica da força de trabalho?
- Como a "fuga de cérebros" causada pelas aposentadorias em massa e outros fenômenos afetam a memória institucional de uma organização?
- Que tipos de talento uma organização precisará para liderar com destreza uma força de trabalho diversificada em termos de etnias, gênero, estilos de vida e idade?

Responder a essas e a outras inúmeras questões ajudará a orientar a estratégia que cada empresa adotará para lidar com as implicações do envelhecimento da população. A questão é: de que maneira? Será esta uma questão de natureza estratégica ou cada um dos setores da sua empresa deve definir seus próprios objetivos?

9.2. A quem cabe a responsabilidade pelas mudanças?

No contexto de uma empresa, a responsabilidade por definir os objetivos da força de trabalho pertence fundamentalmente a dois profissionais: o *Chief Executive Officer* (CEO) e o gestor de recursos humanos. Tradicionalmente, por ser a pessoa com maior autoridade na hierarquia de uma organização, a figura do CEO é responsável pela estratégia, visão, performance e sustentabilidade da empresa. É ele que define a direção e as metas a seguir e

Capítulo 9 – Que Intervenções são Possíveis Já? • 177

assegura que a organização tenha o modelo de negócios, os processos e os ativos – incluindo capital, instalações, tecnologia e pessoas – adequados para alcançar essas metas. O CEO e a equipe de executivos devem tornar visíveis e coletivos os objetivos definidos, pois uma vez que eles podem requerer mudanças em práticas e posicionamentos tradicionais da organização, os líderes sêniores precisarão demonstrar comprometimento com tais objetivos.

Em pequenas empresas, onde nem sempre há a figura do CEO, este papel normalmente cabe ao Diretor Geral que, hoje, deve também sustentar objetivos e metas visionários em relação à força de trabalho para garantir que a organização conseguirá ter acesso a profissionais que atendam em quantidade e qualidade suas demandas, mesmo em períodos de significativas mudanças e escassez de mão de obra.

Uma vez que os objetivos estratégicos tenham sido definidos, torna-se responsabilidade do executivo de RH – e equipe – cuidar do desenvolvimento e da execução tanto dos objetivos quanto das políticas, estratégias e práticas. Diante das iminentes pressões demográficas sobre a força de trabalho, hoje o papel do executivo de RH vai além das questões de custo e eficiência. Ele precisa antecipar e implementar mudanças na gestão de recursos humanos, antecipar e aferir de que maneira a composição da força de trabalho e as preferências dos trabalhadores estão se modificando. E também precisa estar plenamente ciente do que é necessário para alinhar as estratégias de negócio e da força de trabalho.

Apesar de serem CEO e executivo de RH as figuras responsáveis pela definição e a execução da estratégia, garantir que a organização tenha os profissionais qualificados necessários ao alcance de seus objetivos e metas é um compromisso que deve ser compartilhado com outros gestores. Assim, o CEO compartilha a responsabilidade com os gerentes locais e atua no sentido de garantir que cada um deles compreenda as mudanças na composição etária da força de trabalho e como isso afeta a performance do negócio.

Esta é uma configuração padrão, mas pode variar de acordo com o modelo de negócios e a estrutura organizacional das empresas. Vale reforçar que sejam as empresas pequenas, médias ou grandes as intervenções no sentido de lidar com os riscos e oportunidades do envelhecimento da força de trabalho devem ter o patrocínio da alta direção, uma vez que permeiam os níveis estratégico, tático e operacional. É preciso que os novos objetivos sejam incorporados à cultura da empresa para que todas as áreas atuem de forma integrada.

9.3. Recomendações

Duas dimensões-chave que determinam o valor de uma força de trabalho são produtividade e criatividade. Grosso modo, a produtividade é um mecanismo de eficiência cujo foco é manter ou aumentar um *output* a partir de um mesmo *input*, ou seja, produzir mais com determinado recurso ou o mesmo com menos recurso. Enquanto a criatividade é o talento humano necessário para promover inovações no modelo de negócios, estratégias, mercados, processos, produtos, operações e competências. Nos modelos de gestão atuais é comum preponderar a crença de que ambas as dimensões declinem expressivamente conforme o trabalhador envelhece. De fato, esta afirmação não pode ser negada em sua totalidade, pois os estudos sobre produtividade ainda são controversos no que diz respeito aos *boomers*, a primeira geração que chega em massa à idade da aposentadoria gozando de melhores condições de saúde e disposta a permanecer no mercado de trabalho por mais tempo.

Certo por enquanto é que, ao mesmo tempo que os trabalhadores mais velhos estão suscetíveis a perdas de produtividade em algum grau, eles podem superar os mais jovens em outros quesitos, como vimos no Capítulo 2. Dessa forma, o primeiro grande desafio da gestão da força de trabalho é exatamente na necessidade de combinar características das diferentes gerações que a compõem para aumentar – ou pelo menos manter – os níveis de produtividade e criatividade à medida que a força de trabalho se diversifica e, com o tempo, envelhece.

O sucesso dessa empreitada é crucial para a performance e a competitividade das organizações e depende fundamentalmente do que podemos classificar como quatro campos de ação: cultura, pessoas, trabalho e conhecimento. A seguir, apresento um conjunto de recomendações relacionadas a cada um desses campos:

I. Mudança de Cultura

Como vimos no capítulo 6, no Brasil as empresas ainda não despertaram para o potencial dos trabalhadores idosos como alternativa para mitigar *gaps* de mão de obra. Parte disso se deve ao fato de que a iminente crise gerada pelo envelhecimento da força de trabalho está fora do radar dos gestores, tradicionalmente focados em criar estratégias para atrair e reter mão de obra jovem. Outra questão que influencia a invisibilidade da mão de obra dos trabalhadores mais velhos é a premissa do custo. Acredita-se que despesas com planos de saúde, medicamentos e absenteísmo dos trabalhadores idosos elevem a níveis absurdos os gastos do empregador, seguindo na contramão da ordem de cortar custos. Então prefere-se aposentar – ou demitir – os mais velhos e investir em formação e treinamento de trabalhadores mais jovens, ainda que o *turnover* dos mesmos seja mais elevado e, com isso, a demanda por (re)investimentos em capacitação seja constante.

Estas e outras crenças transmitidas por gerações de trabalhadores exercem influência sobre o ambiente organizacional, tornando-o mais propício ao etaísmo. Não raro as atitudes discriminatórias afetam trabalhadores já a partir dos 45, 50 anos de idade. Portanto, propagar que a categoria de trabalhadores mais velhos é resistente a novas tecnologias, é mais lenta, inflexível, incapaz de aprender novos processos e desenvolver novas competências, ou que não precisa mais adquirir novos conhecimentos é exemplo de uma postura anacrônica. E por que esse tipo de comportamento é discriminatório? Porque ele generaliza e estereotipa os indivíduos idosos, furtando-lhes o direito ao exercício de suas competências e habilidades. Tais atitudes são reflexos revelados das construções sociais pejorativas acerca do velho e da velhice, uma questão cultural em nossa sociedade.

Ora, se o comportamento discriminatório em relação à idade avançada pode ser identificado, por que motivos ele ainda é tolerado nas organizações? Pode parecer muito simples evitar que a discriminação aos trabalhadores idosos no ambiente de trabalho se prolifere, mas a verdade é que, muitas vezes, a própria gestão da organização pode incorrer em atitudes obsoletas que se baseiam em estereótipos e resultam em políticas prejudiciais aos trabalhadores mais velhos. Os sintomas mais comuns de uma cultura organizacional que tolera o etaísmo costumam ser o encerramento precoce dos serviços dos trabalhadores mais velhos, sua desqualificação para promoções de cargos e salários, o corte de recursos financeiros que impede que esses trabalhadores tenham acesso a oportunidades de aprendizado e as remunerações não condizentes com sua *performance*.

Tais atitudes criam um cenário inseguro e desconfortável para os trabalhadores mais velhos e cada vez mais afetarão também os empregadores e o próprio negócio. Portanto, para que a força de trabalho envelhecida seja melhor cuidada e aproveitada em toda a organização é mandatório que ocorram mudanças de *mindset* dos gestores e a instalação de uma cultura organizacional mais amigável ao idoso e mais propícia às relações intergeracionais. São recomendações específicas para a mudança de cultura:

Recomendação 1: Compreender o novo regime demográfico, o conceito de envelhecimento ativo e o valor dos trabalhadores idosos quanto a suas potencialidades.

- Utilizar os resultados de projetos do setor público, das instituições de ensino e pesquisa ou organizações da sociedade civil como catalizadoras para a formação da cultura e das políticas relacionadas à sustentação e gestão da força de trabalho reconfigurada pelo novo perfil etário da população economicamente ativa;
- Estabelecer parcerias com instituições de ensino e pesquisa, bem como organizações da sociedade civil e governos para o desenvolvimento de pesquisas e projetos de serviços, produtos e processos em prol da força de trabalho envelhecida da organização. É preciso conhecer melhor os trabalhadores que estão chegando em massa à idade da aposentadoria, além de repensar a gestão de pessoas neste novo contexto;
- Capacitar os líderes e gestores, organizar fóruns internos de apresentação e debate sobre as implicações multidimensionais e multidisciplinares do envelhecimento populacional no trabalho, fomentando a participação dos empregados e parceiros. Além de participar e estimular que eles participem também de fóruns externos qualificados que reúnam empregadores, trabalhadores, universidades e organizações não governamentais e tenham como temas centrais envelhecimento populacional, trabalho, emprego e renda.

Recomendação 2: Incorporar a temática do envelhecimento populacional e ativo no plano estratégico da organização.

- Eleger projetos emblemáticos e inserir discussões transversais sobre o tema nas agendas de todas áreas da organização;
- Engajar *stakeholders*, estabelecendo políticas de incentivo e reconhecimento que estimulem instituições parceiras a adotar iniciativas afins;
- Liderar a criação ou inserir-se em redes que agreguem valor para a força de trabalho envelhecida e a organização. Um exemplo são as redes classificadas como "***age-friendly***", termo utilizado para expressar iniciativas amigáveis a todas as idades, que ganhou particular uso no Brasil, sendo comumente traduzido como "amiga dos idosos". Este tipo de iniciativa não somente irá balizar os novos papéis da gestão de recursos humanos frente ao envelhecimento da força de trabalho, como irá reconhecer organizações que comprovarem seus esforços em prol da força de trabalho envelhecida. Em pouco tempo, essa nova categoria de reconhecimento se tornará um diferencial tão importante para as organizações quanto os que hoje reconhecem esforços de preservação do meio ambiente, infância e juventude, e sustentabilidade.

Recomendação 3: Criar uma cultura que acolha e valorize a experiência, disseminando a importância da força de trabalho multigeracional e envelhecida dentro e fora da organização e estimulando a colaboração produtiva e a solidariedade entre as gerações;

- Combater a discriminação etária no ambiente corporativo;
- Promover a cultura da atenção, com especial foco em prevenção e cuidados;

Capítulo 9 – Que Intervenções são Possíveis Já? • 183

- Apoiar e promover iniciativas em prol da mudança de cultura em relação à velhice e aos trabalhadores idosos. Exemplos desse tipo de iniciativa são os serviços colaborativos e de base comunitária, o desenvolvimento de produtos de base tecnológica, redes autoorganizadas de idosos, produções audiovisuais e intervenções urbanas que tenham a temática como questão central;
- Adotar práticas que estimulem a motivação e o entusiasmo dos trabalhadores idosos no trabalho – assim como é feito para empregados mais jovens -, por meio de ferramentas que promovam níveis de saúde, ambiente de trabalho e gestão de pessoas adequados.

Recomendação 4: Garantir a participação e o engajamento de pessoas idosas na elaboração de políticas e programas, no desenho de serviços e produtos e na governança. A gestão do que se refere aos trabalhadores da geração de *boomers* tem sido realizada por trabalhadores de gerações mais jovens. E os *gaps* entre as gerações explicam em parte porque as coisas parecem não estar caminhando tão bem. Por mais que as intenções dos profissionais mais jovens sejam as melhores, o exercício de colocar-se no lugar do outro, partindo de tempos e realidades tão diferentes, é impreciso, quando não impensável em uma sociedade que cultua a juventude e discrimina a pessoa idosa. Por isso, qualquer iniciativa direcionada ao trabalhador idoso deve ter sua participação em todas as etapas.

- Identificar iniciativas auto-organizadas de trabalhadores que possam ser replicadas como boas práticas e, sobretudo, implementar processos participativos, que envolvam não apenas trabalhadores que já são idosos, mas também trabalhadores de coortes de nascimento imediatamente mais jovens, pois no futuro próximo eles serão afetados pelas decisões

tomadas hoje, devendo, portanto, participar do processo decisório;
- Engajar, empoderar e oferecer suporte para que os trabalhadores idosos possam se desenvolver e se ajudar mutuamente.

Os exemplos seguintes mostram como a colaboração entre diferentes entidades pode culminar em benefícios não apenas para a força de trabalho, mas também para a toda a sociedade. E, ainda, como é possível reconhecer e engajar organizações inteiras na direção de uma cultura *age-friendly*.

Caso #1: AARP e SHRM

Esta iniciativa é um exemplo da mudança de *mindset* em instituições de gestão de recursos humanos em relação ao trabalhador idoso, às potencialidades de uma velhice ativa e presente no mercado e à urgência em endereçar os problemas e as oportunidades de uma mão de obra envelhecida. De um lado, a AARP, uma organização sem fins lucrativos que conta com mais de 37 milhões de membros. A AARP atua no desenvolvimento de produtos, serviços e políticas públicas, ajudando as pessoas com 50 anos de idade ou mais a transformarem seus objetivos e sonhos em possibilidades reais e fortalecendo as comunidades e as lutas nas questões mais importantes para as famílias: saúde, emprego e planejamento para a aposentadoria. De outro lado, a SHRM, Society for Human Resource Management – em português, Sociedade para Gestão de Recursos Humanos. Maior associação de RH do mundo, a SHRM representa mais de 275 mil membros em 160 países, sendo o principal fornecedor de recursos para atender às necessidades dos profissionais de RH e promover a prática profissional de gestão de RH.

A parceria entre essas duas gigantes em serviços e suporte possibilitou o desenvolvimento de um instrumento de pesquisa chamado "Ferramenta de Avaliação da Força de Trabalho". Do ponto de vista do trabalhador idoso, a ferramenta é uma oportunidade para integrar, de uma vez por todas, as agendas das organizações. Do ponto de vista das empresas empregadoras, a Ferramenta de Avaliação da Força de Trabalho é um recurso para que gestores de RH avaliem como os trabalhadores que se aposentarão irão afetar a organização, enderecem áreas em que faltam habilidades devido a atritos na organização, criem um ambiente de trabalho que atraia trabalhadores qualificados de todas as idades, gerenciem uma força de trabalho multigeracional e construam uma marca que facilite a atração e retenção dos melhores talentos.

A ferramenta funciona da seguinte forma: o empregador cadastrado fornece informações básicas da empresa, o perfil demográfico de sua força de trabalho, a avaliação de potencial escassez de habilidades, retenção de conhecimento, arranjos de trabalho flexíveis, formação e desenvolvimento de oportunidades, saúde e benefícios financeiros, acomodações do local de trabalho, ambiente de trabalho positivo e recrutamento. Pela primeira vez na história, uma pesquisa pode ser realizada com uma força de trabalho que inclui quatro gerações. Ao final, a ferramenta criada pela parceria AARP-SHRM gera um relatório personalizado com base nas respostas fornecidas pelo empregador. Esse relatório fornece um resumo da demografia da força de trabalho envelhecida, da potencial escassez de habilidades e das práticas de trabalho atuais. As duas primeiras seções do relatório podem servir como base para o desenvolvimento de suas estratégias de pessoal a curto e longo prazos. As seções restantes resumem suas práticas de trabalho atuais de acordo com as áreas pesquisadas na ferramenta. Cada seção ainda contém uma série de passos para que a empresa continue a desenvolver políticas e práticas *age-friendly*.

Caso #2: Age Smart Employer Awards

Em Nova Iorque há cerca de 700.000 trabalhadores com idades acima de 55 anos, o que já representa 18% da força de trabalho disponível. Estima-se que nos próximos sete anos, 1 em cada 4 trabalhadores de todo o país terá mais de 55 anos de idade. Muitos desses trabalhadores permanecem na força de trabalho além da idade da aposentadoria, e os empregadores precisam ser orientados sobre como criar ambientes seguros e amigáveis a todas as idades e como encorajar diferentes gerações a trabalhar lado a lado com profissionalismo e produtividade.

Para alcançar este objetivo, o Robert N. Butler Columbia Aging Center e a New York Academy of Medicine acertaram uma parceria que culminou na criação do Age Smart Employer Awards. O prêmio é financiado pela Alfred P. Sloan Foundation e é direcionado a práticas inovadoras que tenham a otimização de um ambiente de trabalho multigeracional como parte das estratégias de negócio do século XXI. Endereça tanto as necessidades dos trabalhadores idosos quanto as das organizações, por meio de três iniciativas:

- Pesquisas em busca das melhores práticas entre empregadores de Nova Iorque, com especial foco em pequenos negócios;
- Reconhecimento dos empregadores que valorizam trabalhadores de todas as idades;
- Suporte às empresas interessadas em ampliar o potencial dos trabalhadores à medida que eles envelhecem e às que desejam atrair e reter mão de obra de trabalhadores idosos para resolver problemas como as altas taxas de *turnover* e a escassez de mão de obra qualificada.

> Na prática, os organizadores do prêmio buscam ações como flexibilização da carga horária de trabalho, aposentadoria faseada, programas de bem-estar, recrutamento de trabalhadores idosos, capacitação e oportunidades de desenvolvimento para empregados de todas as idades, retenção de conhecimento estratégico e transferência de conhecimento entre gerações, entre outras práticas que sejam potencialmente inovadoras e replicáveis.
>
> Já foram premiadas organizações como: Montefiore Medical Center, centro de excelência clínica com mais de 20.000 empregados e associados; Pfizer, empresa global de biofármacos com mais de 79.000 trabalhadores em todo o mundo; e Renewal Care Partners, que com um quadro de apenas 100 empregados, oferece serviços de cuidados para pessoas que desenvolvem doenças crônicas ou estão em debilitado estado de saúde.
>
> Mas nem só de organizações que têm algum tipo de ligação com saúde é feita a lista de premiados. O Ristorante Settepani e o Settepani Bakery, de mesmo proprietário, também foram premiados por suas iniciativas. Juntos, eles possuem apenas 50 empregados. Prova de que organizações de todos os portes e setores de atuação devem e podem se engajar. E também de que iniciativas como o prêmio são excelentes para incentivar a mudança de cultura das empresas em relação aos trabalhadores mais velhos e à gestão da força de trabalho envelhecida.

II. Gestão de Pessoas

Com o envelhecimento da força de trabalho, as organizações não estão apenas se tornando vulneráveis ao risco de perder profissionais valiosos – e com eles, conhecimento organizacional crítico – devido a conflitos no trabalho ou a ondas de aposentadoria. Suas práticas tradicionais em gestão de recursos humanos também começam a ser confrontadas com novos desafios, como a necessidade de capitalizar sobre a diversidade da força de trabalho; de administrar as dinâmicas e os conflitos intergeracionais causados pelas diferenças de estilo de trabalho e métodos de aprendizado e acentuados pelo etaísmo; de fazer com que empregados de diferentes gerações colaborem produtivamente; de compreender as motivações pessoais, aspirações de carreira e valores que trabalhadores idosos possuem e que os fazem manter-se envolvidos e participativos; de efetivamente usar e reter habilidades e competências de uma força de trabalho envelhecida; de lidar com o crescente número de empregados que precisará assumir os cuidados com seus genitores doentes e dependentes; e até mesmo de identificar talentos capazes de liderar com destreza e resiliência uma força de trabalho diversificada em termos de idade, etnia, gênero, cultura e estilos de vida.

Uma vez que a competição externa por talentos se tornará cada vez mais intensa e onerosa, a gestão dos recursos humanos será determinante no processo de "olhar para dentro" da própria organização objetivando identificar, treinar, desenvolver e recompensar a força de trabalho envelhecida por meio de abordagens, arranjos e ferramentas flexíveis e dinâmicas, sob o risco de perder mão de obra e conhecimento, não apenas para a aposentadoria, mas também para a concorrência. Lidar com tantos desafios requer, portanto, abordagens novas e flexíveis, capazes de redefinir as relações entre empregados e empregadores, de criar formas mais democráticas de organização corporativa, além de novas possibilidades para o trabalho e as potencialidades dos trabalhadores mais velhos.

Neste sentido, é importante ressaltar ainda que as organizações precisam deslocar o paradigma da homogeneidade, que trata a todos os trabalhadores da mesma forma, para formas mais customizadas, refletindo os diferentes arranjos e adequando-as às especificidades da força de trabalho envelhecida. Isto porque por terem vivido mais, os indivíduos mais velhos tiveram tempo para acumular mais diferenças e são ainda mais heterogêneos do que outros grupos etários. Os efeitos cumulativos de diferentes escolhas, experiências e eventos ao longo da vida de cada indivíduo tendem a aumentar com a idade, evidenciando essa heterogeneidade. Dessa forma, qualquer tentativa de aumentar os níveis de engajamento de uma força de trabalho envelhecida deve iniciar com o reconhecimento das necessidades, forças, preferências e valores individuais, sem prejuízo dos aspectos relacionados à coletividade.

É preciso compreender de uma vez por todas que, neste cenário, a atuação da gestão de recursos humanos é uma oportunidade ímpar para os negócios, uma janela para repensar o que há de mais valioso: o ser humano. E a partir daí, obter respostas para questões-chave sobre como prever oferta e demanda para diferentes cargos e habilidades, como educar e treinar pessoas, e como atrair e reter grandes talentos neste novo contexto que reúne, como vimos no Capítulo 4, desafios combinados para os quais as organizações ainda não estão preparadas.

São recomendações específicas da gestão de pessoas:

Recomendação 5: Elaborar o mapa de perfis demográficos da força de trabalho, em termos quantitativos de requerimentos de aposentadorias e expectativas relacionadas ao trabalho na velhice e à aposentadoria, estabelecendo um plano para geri-los de forma a potencializar a mão de obra e preparar campo para a retenção do conhecimento crítico desses trabalhadores.

Recomendação 6: Garantir os direitos dos trabalhadores idosos, sem prejuízos dos de outras gerações de trabalhadores, provendo oportunidades reais e dignas de trabalho, emprego e renda mesmo após a aposentadoria.

- Elaborar e implementar políticas de atração e retenção de trabalhadores idosos, com base em suas perspectivas e não apenas na literatura ou diretrizes de gestores que geralmente pertencem a outras gerações;

- Patrocinar e promover ações e canais internos ou externos à organização dedicados a promover a efetiva recolocação de trabalhadores idosos no mercado.

Recomendação 7: Combater as desigualdades de gênero na gestão e no ambiente organizacional, ajudando a promover a empregabilidade das mulheres, facilitando o balanceamento entre o trabalho e a administração da vida familiar ao longo de suas carreiras, a fim de evitar tanto que desenvolvam doenças causadas pelos altos níveis de estresse, quanto que elas abandonem seus empregos e, com isso, aumentem os riscos de experimentar quadros de pobreza e isolamento social na velhice.

Vale ressaltar que o aumento da participação das mulheres no mercado de trabalho trará grande contribuição para cobrir o *gap* de mão de obra qualificada, e isso acentua ainda mais a necessidade desse tipo de intervenções. A "Carta Sobre Gênero e Envelhecimento: Igualdade de Gêneros em um Mundo que Envelhece", elaborada em 2014, traz orientações sobre a formulação de políticas e soma-se aos pilares do Marco Político do Envelhecimento Ativo da OMS: saúde, participação e segurança (WHO, 2002) e o aprendizado ao longo de toda a vida (KALACHE, 2013), que reafirma os Princípios das Nações Unidas para as Pessoas Idosas, complementa os Objetivos do Desenvolvimento do Milênio, o Plano de Ação Internacional de Madri sobre o Envelhecimento e a Agenda de Desenvolvimento Pós-2015 sobre a igualdade de gêneros e o empoderamento de mulheres.

Recomendação 8: Ampliar o potencial da força de trabalho multigeracional, adaptando os programas de motivação dos empregados em relação à idade, diversidade do trabalho, flexibilidade e mobilidade.

- Promover e estimular vivências multigeracionais na organização. Não é uma tarefa propriamente fácil, no entanto, minha experiência na academia e no trabalho com grupos focais auto-organizados mostra que o respeito, a tolerância, o interesse e a colaboração entre gerações frutificam quando os indivíduos estão engajados em uma causa, um projeto comum ou um desafio mediado de tal forma que eles possam desenvolver algum grau de visitação, compreensão e transformação no universo do outro. Por este motivo, metodologias adequadas são imprescindíveis para o sucesso desta iniciativa;

- Inserir na pauta de aprendizados o desenvolvimento ou aprimoramento da habilidade de se relacionar intergeracionalmente. Esta será uma habilidade essencial que poderá ampliar a colaboração e reduzir os conflitos intergeracionais no ambiente de trabalho. Desenvolver tal habilidade será um diferencial;
- Capacitar os trabalhadores a partir de conhecimentos multidisciplinares que partem da compreensão do processo de envelhecimento ativo e se engendram por educação tecnológica, formação e capacitação profissional permanentes, gestão de finanças, saúde, qualidade de vida e bem-estar pessoal e de idosos dependentes, independentemente da idade. Como vimos, um país que envelhece precisa oferecer educação de melhor qualidade e maior amplitude para todas as gerações, tanto para que estejam qualificadas para o trabalho quanto para que possam fazer escolhas durante a vida que as permitam experimentar melhores níveis de qualidade de vida e bem-estar na velhice.

Recomendação 9: Implementar ou otimizar o programa de preparação para a aposentadoria, garantindo o suporte para a tomada de decisões referentes ao planejamento para um envelhecimento ativo.

- Redirecionar o foco do planejamento para a velhice que, hoje, está centrado em venda de planos de aposentadoria complementar. É preciso promover conhecimento para que, desde a fase adulta, os empregados tenham condições não apenas de elaborar seu planejamento financeiro para a velhice – já que eles serão cada vez mais responsáveis por sua própria segurança financeira nessa fase da vida –, mas também para traçar planos de (segunda) carreira e vida que serão potencialmente longevas. E isto requer conhecimentos específicos que normalmente não são oferecidos na educação formal tradicional;

- Tornar o programa de preparação para a aposentadoria verdadeiramente eficaz. O PPA deve ser oferecido aos trabalhadores desde cedo – no mínimo, 10 anos antes do ano previsto para a aposentadoria –, a fim de que o trabalhador tenha tempo hábil para efetuar ajustes em seu planejamento original – ou tenha a oportunidade de elaborar um planejamento para a aposentadoria, caso não o tenha feito ainda. Para ampliar a adesão dos trabalhadores, o programa de preparação para a aposentadoria deve ser participativo em todas as etapas e atraente em sentido, forma e conteúdo. Este último deve ser baseado, em parte, no conhecimento básico sobre economia e finanças que habilitem o trabalhador a tomar para si a responsabilidade por sua segurança financeira e bem-estar na velhice, e incluir ainda outros temas importantes, como moradia, saúde e bem-estar, empreendedorismo, segunda carreira, direitos dos idosos. Deve ser flexível para contemplar as expectativas dos trabalhadores em relação ao trabalho e à velhice.

Recomendação 10: Desenvolver alternativas à aposentadoria abrupta e precoce dos trabalhadores. Talvez este seja um dos objetivos mais desafiadores, porque requer mudanças em modelos rígidos que extrapolam

Capítulo 9 – Que Intervenções são Possíveis Já? • 193

o escopo das empresas. Porém, em questão de pouco tempo será imprescindível.

- Cessar o estímulo à aposentadoria precoce dos trabalhadores. As políticas e práticas que tendiam a encorajar a retirada precoce da força de trabalho inevitavelmente serão pressionadas a inverter a direção;
- Estabelecer diálogos com instituições de ensino e pesquisa e o governo com o intuito de criar, aprovar e formalizar legalmente mecanismos para um modelo de aposentadoria faseada que atenda às demandas da força de trabalho brasileira.

Recomendação 11: Investir em educação para o envelhecimento como rota para a produtividade e a inovação. A formação de recursos humanos precisa ir além de conhecimentos técnicos, idiomas ou tecnologias. É preciso ensinar a envelhecer e a atuar profissionalmente em e para uma sociedade envelhecida.

- Estabelecer parcerias com instituições de ensino e pesquisa, a fim de apoiar abordagens interdisciplinares e projetuais que intensifiquem o trabalho em campo e em laboratórios, explorando conhecimentos práticos sobre o envelhecimento da população. Iniciativas dessa natureza podem apoiar a modernização dos currículos, criar e promover respostas às demandas do envelhecimento da população, incentivar a solidariedade entre gerações e preparar os estudantes para atuar profissionalmente em uma sociedade envelhecida. Também é preciso estimular que os trabalhos de conclusão de curso das mais diversas áreas do conhecimento tenham como tema o desenvolvimento de produtos, serviços e processos capazes de gerar impacto positivo na vida das pessoas à medida que elas envelhecem. Apoiar iniciativas empreendedoras também é fundamental para o sucesso desta proposta;

- Investir no ensino do empreendedorismo como forma de educação continuada para os trabalhadores mais velhos. Assim como os jovens, eles são capazes de aprender a empreender e trazem na bagagem o básico sobre finanças, gestão e relacionamento. Com acesso a capital, capacitação e experiência e amplitude de conhecimento as chances de os trabalhadores idosos serem bem sucedidos em suas investidas após a aposentadoria – ou no caso de saída precoce da força de trabalho – serão significativamente maiores.

Recomendação 12: Investir no desenvolvimento de produtos e, principalmente, de serviços para os trabalhadores à medida que eles envelhecem. Quanto melhores forem os serviços/produtos oferecidos aos trabalhadores ao longo do curso de vida, menor será a demanda por assistência no futuro. No Brasil, o gasto com aposentadorias por invalidez é grande se comparado ao investimento em serviços, e o país não é tão envelhecido ainda.

- Disponibilizar centros de informação e orientação, físicos ou virtuais, sobre direitos, serviços e produtos que podem representar melhorias na qualidade de vida e bem-estar dos empregados e seus familiares à medida que eles envelhecem;
- Criar ou apoiar a criação de serviços que auxiliem o contingente de trabalhadores que precisará cuidar dos genitores dependentes. Algumas possibilidades são os centros-dia, as de redes de cuidado e os serviços colaborativos locais, além de produtos tecnológicos para prevenção e monitoramento dos idosos.

Os exemplos a seguir mostram como a atuação de instituições de ensino e pesquisa podem favorecer a gestão da força de trabalho nas empresas. E ainda, iniciativas relacionadas à gestão de pessoas, desde os primórdios de sua formação a benefícios que levam em conta as especificidades dos trabalhadores idosos.

> **Caso #3: MIT AgeLab**
>
> O AgeLab é um laboratório baseado na Divisão de Engenharia de Sistemas da Escola de Engenharia do Massachusetts Institute of Technology (MIT), famoso por sua atuação em ciência, tecnologia e outras áreas que sirvam aos desafios do século XXI. O MIT AgeLab foi criado em 1999 com o propósito de gerar ideias e transformar tecnologias em soluções práticas para melhorar a saúde da população, habilitando as pessoas a efetivamente "fazer coisas" ao longo da vida. É um programa de pesquisa multidisciplinar que atua em parceria com empresas, governos e ONGs no desenho e implementação de produtos, serviços e políticas para melhorar a qualidade de vida das pessoas idosas e seus cuidadores. Sim, é uma escola de engenharia desenvolvendo serviços, produtos e processos para o envelhecimento ativo da população.
>
> O AgeLab cria sistemas centrados no consumidor para entender os desafios e oportunidades da longevidade e os estilos de vida emergentes das gerações para catalisar inovação nos mercados. E ao contrário do que se pode imaginar, sua atuação vai além do desenvolvimento de tecnologias e a geração de *insights* sobre o comportamento humano, porque os resultados das pesquisas são traduzidos em estratégias e insumos para políticas públicas, aplicações em casas, carros, hospitais e quaisquer outros lugares que sirvam como plataformas para a qualidade de vida das pessoas, garantindo que a promessa da tecnologia esteja acessível e disponível a todas as pessoas, independente de renda, educação ou habilidades.

Seus patrocinadores colaboram em projetos específicos referentes à sua área de negócio ou de políticas para desenvolver produtos, serviços, esclarecimentos e propriedade intelectual, que normalmente se desenvolvem em 1 a 2 anos. Enquanto que as empresas parceiras estabelecem acordo de pelo menos dois anos de trabalho colaborativo e possuem visão sobre um tema específico do mercado, políticas ou liderança de pensamento e propriedade intelectual. Entre eles estão empresas como Ford, GreenRoad, BMW, Healthways, Intelligent Transportation Systems (ITS).

O MIT Agelab possui linhas de pesquisa específicas, como transporte e comunidade, moradia e serviços, saúde e cuidados, estratégia de negócios e inovação, finanças e planejamento e comunidades habitáveis. Entre os métodos e ferramentas desenvolvidos a partir das pesquisas estão o AGNES, uma vestimenta desenvolvida para permitir melhor compreensão dos desafios físicos associados ao envelhecimento; o AwareCar, um veículo instrumentado para avaliar novos modelos e métodos para monitorar o estado do motorista; o Innovation Studio, um método próprio para desenvolver workshops interativos e seções de *brainstorming* com empresas, governos e provedores de serviços para a longevidade.

Caso #4: Universidade Federal do Rio de Janeiro (UFRJ)

A não ser pelos cursos específicos de geriatria, gerontologia e saúde pública, as universidades brasileiras não estão preparando seus alunos para a nova realidade demográfica com a qual eles irão se deparar chegando ao mercado de trabalho. Prova disso é que das 252 escolas de medicina em funcionamento no Brasil, apenas 12 oferecem uma disciplina de geriatria em sua grade curricular. O pior é que a modernização dos currículos dos cursos oferecidos pelas instituições de ensino brasileiras é burocrática e morosa. Resultado disso é que os alunos que estão concluindo seus cursos de graduação – não apenas o curso de medicina – farão parte de uma força de trabalho que será confrontada com demandas de uma sociedade envelhecida sem ter sido capacitada para lidar com elas. Isso nos diz que em termos de formação de recursos humanos, os cursos universitários estão defasados e, como consequência, as universidades estão formando profissionais que chegarão ao mercado sem as qualificações necessárias para atender as demandas específicas de uma sociedade envelhecida.

Adequar a formação de pessoas, não apenas na área médica, mas em todas as áreas do conhecimento, é fundamental para a gestão bem sucedida do envelhecimento da população brasileira. Pensando nisso, um grupo de acadêmicos do núcleo de Engenharia da Universidade Federal do Rio de Janeiro (COPPE/UFRJ) decidiu oferecer uma disciplina focada no envelhecimento ativo. Durante três a quatro meses, jovens alunos do curso de graduação em Engenharia de Produção da Escola Politécnica são desafiados a transpor as fronteiras das salas de aula e ir a campo investigar a vida cotidiana das pessoas idosas na cidade. Temas como mobilidade, trabalho, moradia, saúde, aprendizado, cultura, diversão e família são frequentes entre as questões que inspiram os projetos dos alunos.

O principal objetivo da disciplina é engajar os futuros engenheiros no desenvolvimento de serviços, processos e produtos que causem impacto positivo na vida cotidiana das pessoas idosas, ampliando as oportunidades para um envelhecimento ativo. As turmas são formadas com um número de 20 a 40 alunos. As aulas têm abordagem de projeto e mesclam conceitos e instrumentos do *design* e das áreas de empreendedorismo, inovação tecnológica e social, o que resulta em uma disciplina que estimula o engajamento dos jovens e confere aos alunos uma nova visão sobre as possibilidades de atuação no campo da engenharia e o potencial do idoso como consumidor.

Outro benefício do curso é a mudança do *mindset* dos alunos, jovens de idades entre 18 e 24 anos, sobre o que é a velhice e como realmente são e vivem as pessoas idosas. O levantamento realizado com os alunos no início da disciplina – antes de serem informados sobre a temática do envelhecimento – e ao finalizarem seus projetos revela que a grande maioria deles muda sua forma de pensar o idoso. No início do curso, apenas 19% dos alunos declararam já haver pensado em projetar produtos ou serviços para pessoas idosas. Ao final da disciplina, este percentual se eleva para 70,8%. Além disso, muitos passam a conviver mais com seus familiares e vizinhos idosos.

Este é um exemplo de iniciativa que julgo ser de fundamental relevância na formação de recursos humanos que façam frente à nova realidade demográfica no país. Além de desenvolverem competências técnicas, os alunos aprimoram também a habilidade para relações interpessoais intergeracionais no trabalho, o que considero será um diferencial para esses novos profissionais. O mais importante é que esta iniciativa não se restringe apenas às engenharias. E não deve se limitar aos muros de uma única instituição de ensino. Pelo contrário, com as devidas adequações, a metodologia pode ser replicada em outras áreas do conhecimento do ensino superior e até mesmo de outros níveis de ensino.

Caso #5: Pfizer

Uma das vencedoras da edição 2013 do prêmio Age Smart Employer Awards, a Pfizer já coleciona táticas de sucesso na gestão da força de trabalho envelhecida. O destaque fica com a criação e a promoção de comunidades de interesse, ou seja, grupos temáticos que reúnem funcionários de todas as idades, com formações e interesses semelhantes. Estes grupos ajudam a empresa a encontrar e desenvolver os melhores talentos, fornecer informações sobre as necessidades dos diversos grupos – inclusive das minorias – e abrir novas oportunidades de negócios para a empresa.

O Open LGBT, um desses grupos, facilitou uma parceria com a SAGE (Serviços e Advocacia para Idosos LGBT) e ofereceu uma série de *webinars* sobre questões relacionadas com a saúde e bem-estar dos idosos, de modo geral e especificamente para a comunidade LGBT. Em 2012, a Pfizer lançou o "Get Old", uma espécie de "Envelhecer", em português. Peça central dos esforços da Pfizer em torno de envelhecimento, a ideia do projeto era desafiar as pessoas a redefinir o que significa envelhecer e ajudá-las a reconhecer que muito de como elas envelhecem depende delas mesmas. A Pfizer também envolve funcionários com programas de bem-estar global e oferece práticas de gestão do estado de saúde que levem em conta os desafios do envelhecimento. Uma série interativa reúne especialistas e colegas para compartilhar suas ideias sobre como viver bem em todas as fases da vida.

A empresa possui ainda um programa de mentoria, por meio do qual incentiva seus empregados – mentores e mentorados – a aumentarem o compartilhamento e a transferência de conhecimentos e de oportunidades entre eles. Há ainda uma iniciativa que oferece apoio a cuidadores de idosos, copatrocinando o ReACT, em português uma forma abreviada de "Respeitar o Tempo dos Cuidadores". O ReACT é uma iniciativa que ajuda outros empregadores a entenderem as dificuldades de ser um cuidador profissional e incentiva políticas de negócios amigáveis ao cuidador.

Juntamente com iniciativas relacionadas à flexibilidade no ambiente de trabalho, a Pfizer consegue atender às demandas específicas da força de trabalho envelhecida, em particular, de minorias que possuem interesses e realidades distintas.

Caso #6: National Institutes of Health (NIH)

O National Institutes of Health, ou Instituto Nacional de Saúde, localizado em Maryland (EUA), tem 47% dos empregados com 50 anos de idade ou mais. O instituo oferece uma variedade de informações de planejamento financeiro e treinamento para seus funcionários que incluem temas como planejamento imobiliário, financiamento da faculdade, planos de investimento, seguridade social e dicas de prevenção de fraudes. O programa de preparação para a aposentadoria é oferecido aos empregados cinco anos antes da data estimada para a aposentadoria.

Vencedor da edição 2013 do AARP Best Employers for Workers over 50+, em português, Melhores Empregadores para Trabalhadores com 50+, NIH mantém um site no qual disponibiliza oportunidades de emprego exclusivamente para funcionários públicos federais aposentados. E permanece em contato com seus aposentados, comunicando-se regularmente, convidando-os para eventos da organização, proporcionando a eles acesso contínuo às oficinas de planejamento de aposentadoria e informações, e reconhecendo formalmente empregados prestes a se aposentar. As seguintes modalidades de trabalho são oferecidas aos aposentados: atribuições de trabalho temporário, consultoria/contrato de trabalho e trabalho à distância, bem como o trabalho em tempo integral ou parcial.

O instituto participa ainda de uma feira anual de trabalho dedicada a profissionais com 50 anos ou mais. Mantém também um sistema de envio de comunicados para aposentados recentes por meio do qual os notificam sobre a disponibilidade de vagas. Além disso, o NIH usa organizações de voluntários, agências comunitárias para veteranos, organizações profissionais e *alumni* de associações de recrutamento de universidades locais.

> **Caso #7: ASDA**
>
> Integrante da família Wal*Mart, a rede ASDA reconheceu o valor de contratar trabalhadores idosos em regime parcial de trabalho. Segunda maior varejista de supermercados do Reino Unido, a ASDA possui mais de 20.000 empregados com 50 anos de idade ou mais, o que representa cerca de 19% de sua força de trabalho.
>
> Para manter seus trabalhadores idosos na ativa, a rede oferece benefícios como três meses de licença não remunerada por ano, uma semana de licença não remunerada após o nascimento de um(a) neto(a), além de conduzir *workshops* em centros de recrutamento para qualquer pessoa com 50 anos ou mais interessada em continuar trabalhando, ainda que não seja na própria ASDA. De acordo com a rede, as unidades com maior contingente de empregados idosos apresentam taxa de absenteísmo um terço menor do que a média da empresa.

III. Organização do Trabalho

Com o aumento do contingente de trabalhadores idosos na força de trabalho, os empregadores não mais poderão subestimar a importância do recebimento de estímulos e a percepção de sentido do trabalho para os trabalhadores, principalmente para os mais velhos. Ter um trabalho que seja estimulante, permita aprender, crescer, viver novas experiências, em um ambiente amigável, são características tão valorizadas por esses trabalhadores quanto as questões financeiras.

Um bom exemplo de ambiente amigável de trabalho considera a questão da ergonomia e embora nem todos os trabalhadores mais velhos se encontrem em debilitado estado de saúde ou condições de fraqueza, as empresas devem se adaptar para garantir que aqueles que precisam de algum apoio adicional tenham condições de desenvolver suas atividades com plenitude no local de trabalho. Por isso, é crucial entender como as mudanças nos sistemas muscular, ósseo, cardiovascular, respiratório, auditivo, e ainda, na pele e em todo o sistema sensorial dos trabalhadores mais velhos, impactam o ambiente de trabalho e o que empregadores e empregados devem fazer para garantir a manutenção da produtividade e da criatividade desses trabalhadores. Ainda em termos de ergonomia, ambientes agradáveis, atividades que se adequem ao estilo de vida dos trabalhadores mais velhos e *layouts* físicos sensíveis à idade – bem como dispositivos físicos facilitadores – são variáveis importantes para a retenção da mão de obra envelhecida.

No entanto, os ambientes de trabalho da maioria das organizações não estão preparados para as demandas de uma força de trabalho composta predominantemente por um contingente elevado de trabalhadores mais velhos.

Mas a quem cabe o papel de oferecer condições de trabalho e ambientes amigáveis aos trabalhadores idosos? De acordo com MORIN (2001), a missão de "oferecer aos trabalhadores a possibilidade de realizar algo que tenha sentido, de praticar e de desenvolver suas competências, de exercer seus julgamentos e seu livre-arbítrio, de conhecer a evolução de seus desempenhos e de se ajustar" cabe à organização do trabalho (MORIN, 2001). Por definição, a organização do trabalho pode ser responsável por elevar ou reduzir o grau de satisfação e bem-estar do trabalhador tanto no que diz respeito a questões de ordem biológica quanto social e individual. A forma como o trabalho é organizado em seu conteúdo, método, procedimentos, esferas de atuação e controle, hierarquia, aprendizagem, responsabilidades, conflitos sociais e suas inter-relações pode fazer variar o nível de satisfação e bem-estar do trabalhador.

São recomendações específicas da organização do trabalho:

Recomendação 13: Compreender o trabalho a partir de uma abordagem ergonômica.

- A partir da análise da evolução da população da empresa, especificar questões referentes aos ter-

mos de condições e organização do trabalho e formação, adequando as políticas de contratação, retenção e carreira aos fatores relacionados ao envelhecimento que interferem na composição da força de trabalho da organização;
- Analisar aspectos de saúde, segurança, mobilidade, conforto dos trabalhadores, além de flexibilidade, produtividade, criatividade e eficácia, considerando o novo contexto apresentado pelo envelhecimento da força de trabalho.

Recomendação 14: Organizar o trabalho com base nas especificidades de uma força de trabalho reconfigurada pelo novo perfil etário da população, tendo em mente que ela será altamente diversificada no primeiro momento, e predominantemente envelhecida em questão de algumas décadas.

- Otimizar o potencial da força de trabalho diversificada, combinando atributos dos trabalhadores mais velhos com talentos dos trabalhadores mais jovens para promover a inovação e o crescimento do negócio;
- Desenvolver critérios de avaliação confiáveis, estratégias e ferramentas para avaliar os métodos existentes e emergentes de trabalho que impactam a vida cotidiana, a saúde, a produtividade e a criatividade não apenas dos trabalhadores mais velhos, mas também dos trabalhadores que possuem pais idosos e dependentes;
- Transformar práticas rígidas e tradicionais em flexíveis e dinâmicas que tenham uma visão multidimensional da força de trabalho envelhecida. Fazem parte disso a redução da demanda de trabalho físico dos trabalhadores mais velhos, a partir da adoção de dispositivos físicos apropriados e mecanismos de proteção, de forma a contribuir em algum grau para a facilitação e a compensação do nível de produtividade perdido com a velhice; e a oferta de condições

de trabalho mais flexíveis tanto no que diz respeito à quantidade de horas de trabalho quanto ao local de trabalho e às escalas de descanso, entre outros; sem esquecer de meios que permitam o melhor balanceamento entre a gestão da vida familiar e do trabalho, com especial foco nas mulheres;
- Tornar o ambiente de trabalho um lugar *age-friendly* em todos os aspectos, de forma que ele se adeque ao estilo de vida da força de trabalho envelhecida. Para tanto, deve-se aproveitar melhor o conhecimento e a experiência dos próprios empregados sobre o ambiente de trabalho, além de adotar ou adaptar práticas de prevenção de acidentes e doenças, com foco nos riscos específicos que esse ambiente oferece aos empregados mais velhos. Isto deverá reduzir significativamente o gasto com assistência no futuro;
- Prevenir o possível isolamento dos trabalhadores mais velhos no ambiente de trabalho, abolindo preconceitos contra eles e a concorrência prejudicial entre as gerações;
- Criar novos postos de trabalho ou adaptar os antigos, ou ainda, preparar trabalhadores mais velhos para assumirem novos cargos ou funções;
- Desenvolver esquemas de treinamento mais adequados à força de trabalho, adaptados às necessidades e habilidades dos trabalhadores mais velhos. O medo e a dificuldade para adquirir determinados conhecimentos estão muito mais relacionados aos métodos de ensino do que à capacidade de aprendizado da mente madura.

Recomendação 15: Associar a remuneração exclusivamente à experiência e desempenho do trabalhador e não à idade ou ao gênero.

Capítulo 9 – Que Intervenções são Possíveis Já? • **205**

A seguir apresento exemplos que mostram que inovações na forma como o trabalho é organizado potencializam tanto uma força de trabalho multigeracional quanto uma predominantemente composta por trabalhadores idosos, sem comprometer a produtividade. E ainda, que a necessidade de compreender melhor questões de segurança, produtividade, eficiência e competência dos trabalhadores mais velhos está culminando em parcerias de amplitude continental.

> **Caso #8: RESPECT, União Europeia**
>
> A mudança demográfica da força de trabalho se deu primeiramente nos países desenvolvidos, como vimos nos capítulos anteriores. Agora países como o Brasil estão sendo confrontados com a nova realidade. Este fenômeno inédito e desprovido de limites geográficos demanda uma atuação colaborativa não apenas entre instituições de um país, mas também, alianças internacionais. Exemplo desse tipo de iniciativa é o RESPECT, sigla que em português significa "Pesquisa-ação para melhorar a segurança, produtividade, eficiência e competência de trabalhadores idosos por meio de um novo ambiente de trabalho". O projeto é um consórcio de relevância continental, coordenado pela Universitaet Karlsruhe (Technische Hochschule), da Alemanha, com outras onze instituições europeias de França, Finlândia, Alemanha, Grécia e Suíça.
>
> Entre 2001 e 2004, o projeto RESPECT atuou na promoção da saúde, da capacidade de trabalho e bem-estar dos trabalhadores mais velhos, por meio de métodos e políticas de trabalho rentáveis. Prova da importância global de buscar meios eficientes para lidar com a mão de obra envelhecida, fortalecendo elos transinstitucionais para otimizar resultados.

Caso #9: Ristorante Settepani & Settepani Bakery

Como muitas empresas de pequeno porte, o Settepani opera muito mais pela intuição de seus donos do que por um manual prescrito. Em alguns casos, este pode ser o caminho que leva uma empresa direto à falência. Mas no caso dos Settepani, levou-os diretamente ao Age Smart Employer Awards 2013. Com o compromisso de tratar seus empregados como uma família, abraçando seus talentos, interesses e aspirações, eles criaram uma cultura de flexibilidade que motiva os funcionários em todo o seu curso profissional. Sua estratégia de recrutamento privilegia a contratação do empregado iniciante e a promoção do seu crescimento internamente. Cerca de 60% dos trabalhadores integram o quadro de funcionários há mais de dez anos e cerca de 50% dos empregados são idosos.

A pequena empresa estimula a criatividade e o uso de toques pessoais no trabalho, geralmente originados de outras vocações que os trabalhadores possuem. Um funcionário que também é dramaturgo contribuiu com um texto de sua autoria para a primeira página do menu. Outro, que é também fotógrafo, sediou uma exposição de arte com suas próprias obras no restaurante.

Nos Settepanis, equipes de todos os níveis de experiência e idades recebem treinamento continuamente e mantém suas habilidades atualizadas. Eles dão forte ênfase no *cross-training* para todos os funcionários, entrantes, acreditando que isso cria equipes mais fortes. Settepani também fornece vários formatos de formação e treinamento que se adaptam aos trabalhadores: formação *one-on-one*, treinamento *hands-on*, *shadowing*, além de aulas e seminários. Também incentivam a co-orientação entre os funcionários mais velhos e mais jovens, mas não apenas o mais velho ensinando ao mais jovem. Ao contrário, não há regra. Quem sabe, ensina. Por exemplo, um jovem cozinheiro treinou um supervisor mais velho, que é um *chef* muito experiente, no uso do novo sistema de pedidos *online* obrigatório.

O restaurante também oferece a flexibilidade no trabalho, considerando as necessidades e mudanças nas vidas dos trabalhadores. Seus arranjos flexíveis de pessoal permitem que uns funcionários cubram os outros, conforme a necessidade, e podem proporcionar tempo de folga para marcos especiais na vida dos empregados. Os proprietários também se esforçam para manter as pessoas engajadas. Uma funcionária de longa data que entrou em licença-maternidade foi autorizada a trabalhar em casa fazendo encomendas de folha de pagamento e serviço de *catering*. Um porteiro, com 70 anos de idade, cujas limitações físicas o impediam de fazer trabalho pesado, passou a ser escalado fora do horário de embarques e desembarques. Com menos movimento no restaurante, ele consegue manter-se em seu papel. Outro empregado, também músico, possui a flexibilidade necessária para levar um tempo considerável de folga em turnê e ainda desfrutar da segurança de ter o trabalho quando retorna.

Talvez esse estilo de gestão pareça impensável para o *mindset* da maioria dos gestores e os modelos de gestão de muitas empresas. Mas vale destacar que a flexibilidade potencializou a lealdade e, em tempos de escassez de mão de obra qualificada e concorrência acirrada pela mão de obra, contar com a lealdade dos empregados é uma grande vantagem.

Caso #10: BMW

Em 2007, gerentes da BMW de Bavaria do Sul, Alemanha, atentaram para o fato de que a idade média da força de trabalho aumentaria para a faixa de 39 a 47 anos ao longo dos dez anos seguintes. Incentivar a aposentadoria precoce daqueles empregados extremamente leais, substituindo-os por outros mais jovens em uma região na qual a BMW era a maior empregadora não parecia a melhor opção. Por outro lado, a unidade tinha uma proposta ambiciosa de melhorias na produtividade que estava seriamente ameaçada pela mudança demográfica da população de trabalhadores.

No mesmo ano, a companhia propôs uma linha de produção com 38 pessoas com idades que refletiam a distribuição etária projetada para a planta no ano de 2017. Os trabalhadores seriam para a produção de caixas de engrenagens de eixo traseiro, mas ninguém aceitou participar daquele piloto do que seria a linha de produção, já reconfigurada pelo novo perfil etário da força de trabalho. Então gestores da fábrica escalaram trabalhadores mais velhos, que estavam céticos e temerosos de operar a linha em um ritmo de produção regular de 560 caixas de transmissão por dia. Três meses depois, a linha de produção tinha sua produtividade aumentada em 7%, comparada com a da força de trabalho mais jovem. A taxa de absenteísmo inicial da linha foi reduzida pela metade e a taxa de defeito caiu para zero, mantendo-se nesse patamar desde então.

Como isso foi obtido? Com um conjunto de pequenas mudanças, simples e de baixo custo: melhores lugares para o trabalho, novas bancadas ajustáveis à altura do trabalhador, piso de madeira que proporcionou um melhor amortecimento e isolamento. Uma operação ergonomicamente adequada às especificidades dos trabalhadores mais velhos não apenas permitiu melhor manutenção de sua saúde como também elevou seu nível de produtividade, provando que é possível, sim, administrar a produtividade de uma força de trabalho diversificada e envelhecida sem prejuízos.

IV. Gestão do Conhecimento

No contexto organizacional, a palavra conhecimento significa "a capacidade para uma ação efetiva ou uma tomada de decisão" (LEIBOLD & VOEPEL, 2006). Nos últimos anos, termos como economia do conhecimento e gestão do conhecimento têm se multiplicado pelos corredores das organizações brasileiras, porém com entendimentos controversos. Muitos profissionais se apavoram só em pensar na ideia de que as empresas querem se apropriar do conhecimento que os empregados adquiriram com a experiência e o esforço pessoal durante décadas de trabalho, tornando-os assim facilmente substituíveis. Depois dos 50 anos de idade, esse temor aumenta, porque o funcionário sabe que nessa faixa etária conseguir uma recolocação não é tarefa das mais fáceis.

Entretanto, é fácil perceber que culturas organizacionais que valorizam a experiência e reconhecem a importância da força de trabalho envelhecida enfrentam menos ou nenhuma resistência aos esforços das organizações no sentido de reter o valioso conhecimento dos trabalhadores mais velhos, principalmente porque eles são parte ativa na construção de um legado que torna perene sua história e seu trabalho na organização. Vale lembrar que o desejo de deixar um legado é uma motivação para que os trabalhadores aposentáveis desejem permanecer na força de trabalho por tempo superior ao exigido para a aposentadoria e está relacionado ao seu embate individual contra a finitude, como vimos nos Capítulos 1 e 6, respectivamente.

Outro ponto polêmico sobre a gestão do conhecimento está relacionado à relevância do conhecimento dos trabalhadores idosos, pois alguns especialistas defendem que a idade não é garantia de acúmulo de conhecimento crítico sobre uma organização e sua operação. Sobre isso vale ressaltar que ainda que não tenha acumulado conhecimento crítico sobre a organização, todos aqueles profissionais que experimentam uma aposentadoria precoce, ou que não optam pela presença continuada na força de trabalho levam consigo, além de conhecimento, capacidades e saberes sobre a organização. O simples fato de um empregado trabalhar em ambientes e operações interdisciplinares possibilita que ele desenvolva conhecimentos práticos importantes sobre diferentes áreas do conhecimento, para não falar do relacionamento com outros *experts*, clientes, fornecedores, parceiros com os quais interagiu e as trocas que teve com eles em situações específicas. Esse tipo de conhecimento acumulado cria especialidades complexas que são difíceis de replicar, substituir ou recuperar quando um trabalhador decide se retirar da força de trabalho, ainda que elas não estejam diretamente relacionadas ao *core business* da organização.

O fato é que a capacidade de uma organização reter, transferir e usar todos os tipos de conhecimentos críticos será cada vez mais uma vantagem competitiva, principalmente, por causa da onda de *baby boomers* que se tornará elegível à aposentadoria nas próximas décadas. Países desenvolvidos já estão tendo que lidar com essa realidade hoje. E nós estamos nos engendrando pelo mesmo caminho. Daí a importância de definir objetivos para fazer a gestão do conhecimento, seja ele conhecimento individual, social, cultural ou estruturado.

Document mining, storytelling, knowledge mapping, knowledge cafes, comunidades de prática, fóruns e conferências, *mentoring* e *coaching, after-action reviews* e *good/best practices* são algumas das práticas que tangibilizam a captura e a transferência do conhecimento. A escolha de uma prática específica – ou de uma combinação delas – depende do contexto em que nasce a iniciativa, da estratégia da organização no que tange à gestão da força de trabalho, dos objetivos propostos em gestão do conhecimento, do tipo de conhecimento a ser transferido, do *output* pretendido além, é claro, dos recursos a serem investidos: tempo, dinheiro, ferramentas e pessoas.

São recomendações específicas da gestão do conhecimento:

Recomendação 16: Inserir a gestão do conhecimento na estratégia da organização. E no caso de já estar inserida e integrada, eleger projetos emblemáticos especificamente relacionados ao envelhecimento da população, principalmente da força de trabalho.

Recomendação 17: Compreender o impacto estratégico do envelhecimento da força de trabalho no que tange principalmente à perda de conhecimentos críticos para a organização e o negócio.

- Elaborar o mapa de conhecimento da força de trabalho, identificando *gaps* e excedentes e implementando estratégias para lidar com ambos em busca dos níveis ideais e adotando uma perspectiva de longo prazo sobre os problemas de perda de conhecimento;
- Organizar fóruns internos de apresentação e debate sobre o impacto estratégico do envelhecimento da força de trabalho, fomentando a participação de gestores, lideranças e parceiros. Além de participar e estimular que empregados e parceiros participem de fóruns de debate que reúnam governos, empregadores, universidades e organizações não governamentais e tenham como temas centrais a gestão do conhecimento da força de trabalho na era da longevidade.

Recomendação 18: Adotar um *mindset* que se volta para dentro, que retém conhecimento e é ergonomicamente adequado à idade, reconhecendo o conhecimento existente como uma fonte de aprendizado a partir do ambiente externo. E utilizar o conhecimento sistematizado no desenvolvimento de produtos e principalmente serviços para a força de trabalho.

Recomendação 19: Adotar políticas de reconhecimento e valorização do conhecimento e da experiência do trabalhador idoso, assim como das iniciativas intergeracionais que potencializam a transferência de conhecimentos entre as diferentes gerações de empregados.

Recomendação 20: Estabelecer diálogos com o governo, instituições de ensino e organizações não governamentais com o intuito de demandar treinamento em práticas *age-friendly* para gerir as mudanças apresentadas pelo novo regime demográfico.

Os exemplos a seguir mostram como diferentes organizações estão lidando com a necessidade de reter e renovar o conhecimento da força de trabalho envelhecida:

Caso #11: Banco Mundial

Capturar e transferir conhecimento usando *storytelling* (contação de histórias) foi o caminho que o Banco Mundial escolheu para reter experiência, compartilhar lições aprendidas, expandir o conhecimento da organização e melhorar a qualidade de sua operação. O Banco Mundial faz o registro de vídeos e audiotapes de indivíduos selecionados e grupos envolvidos em projetos desafiadores. Utilizando *storytelling* como técnica, o banco pretende revelar novos conhecimentos a partir das práticas. Esta iniciativa de retenção do conhecimento requer *experts* para conduzir entrevistas, editar vídeos e audiotapes, e disponibiliza o conteúdo e os *insights* em vários formatos de mídia, como website e CD, contendo todos os documentos referenciados durante as entrevistas.

Capítulo 9 – Que Intervenções são Possíveis Já? • 213

Caso #12: TEDx

Iniciativas semelhantes à do Banco Mundial tiveram universidades como UFRJ, PUC, UFF, e empresas privadas como Andrade Gutierrez, Santander, The Boston Consulting Group, Hyundai, Endeavor, Google, Telefônica, HP, Pfizer, Johnson&Johnson e muitas outras organizações no mundo inteiro quando adotaram a plataforma TEDx em seus esforços para sistematizar e compartilhar conhecimento. O TEDx é um programa de eventos locais autoorganizados que unem as pessoas para compartilhar uma experiência ao estilo TED – Tecnologia, Entretenimento e Design de "ideias que merecem ser compartilhadas".

Uma vez obtida a licença e definidos os objetivos, as organizações – sejam universidades, empresas, ONGs – seguem uma metodologia para realizar todas as etapas de preparação. Um dos destaques fica com a curadoria, que se encarrega de apoiar o processo de escolha do tema principal e dos blocos temáticos, de encontrar os colaboradores adequados e de prepará-los para contar suas histórias de forma inspiradora. Vale ressaltar que apesar de usar a metodologia do TEDx, cada evento é organizado de forma independente e é único porque está totalmente alinhado ao contexto da empresa, não se confundindo com outros quaisquer.

O TEDxUFRJ foi marcado pela presença de cerca de 450 pessoas, entre alunos, pesquisadores, gestores, professores, funcionários da administração e também pessoas que não tinham qualquer vínculo com a universidade, reunidos em um auditório da instituição. O objetivo do evento era quebrar os silos e aproximar as diversas áreas de conhecimento e atuação da universidade. Entre temas badalados como inovação, empreendedorismo, arte e ciência, a temática longevidade foi levada ao palco por duas grandes autoridades da cena internacional, o gerontólogo Alexandre Kalache e o neurocientista Steven Rehen. A reação espontânea da plateia não poderia ser mais positiva, sobretudo porque a média etária da audiência ficava em torno de 23 anos, idade em que os indivíduos não costumam dispensar atenção com coisas da velhice. As palestras foram gravadas e disponibilizadas gratuitamente na web, tendo sido assistidas por quase 10 mil pessoas em pouco tempo. O espírito de transformação que balizou o encontro quebrou silos de informação, aproximou acadêmicos e sociedade, formando novas redes de colaboração que deram origem a diversas iniciativas que estão sendo implementadas na universidade.

Um banco privado realizou duas edições do TEDx, uma no Rio e outra em SP, com o objetivo de criar e estimular a interação entre os funcionários, pessoalmente ou *online*, e construir uma nova forma de comunicar ideias dentro da organização. O evento também pretendia mostrar as paixões das pessoas e inspirar pelo exemplo. Apesar de ser um banco, como os organizadores não focaram exclusivamente em experiências corporativas mas nas experiências de vida em si, o evento levou para a empresa um sentimento de "há vida dentro da organização". Experiências que viraram histórias contadas também se tornara *talks* inspiradoras e memoráveis em formato de vídeo e foram compartilhadas por toda a companhia.

Iniciativas desse tipo têm servido bem tanto ao propósito de reter e transferir conhecimento em um formato diferenciado, quanto ao de instalar uma cultura de colaboração e inovação entre diferentes gerações de empregados. Elas quebram as barreiras, desfazem os silos e criam um ambiente organizacional propício ao pensamento, ao compartilhamento e à reavaliação. Momentos como este em que experimentamos mudanças no novo regime demográfico da população e na força de trabalho, em que as organizações precisam repensar seus objetivos, processos, métodos e, principalmente, a gestão de pessoas para se manterem competitivas, são ideais para a adoção desse tipo de iniciativa. Por natureza, elas inspiram a cultura da mudança, exploram visões sobre o futuro a partir do contexto da organização e das pessoas que movem a organização, pessoas que têm grandes ideias, maneiras criativas de resolver problemas e interpretações diferenciadas de coisas cotidianas.

Caso #13: Bosch

De soluções automotivas a termotecnologia, passando por bens de consumo, a Bosch é tradicionalmente reconhecida pela confiabilidade dos seus produtos. Fundada em 1886, a companhia acumula 225 fábricas em todo o mundo, onde trabalham 281 mil colaboradores, entre eles 20 mil pesquisadores que são responsáveis por cerca de 20 patentes por dia. Com um contingente de trabalhadores tão amplo, a Bosch precisou encontrar uma forma diferenciada de fazer gestão do seu conhecimento crítico. A empresa identifica quem são os trabalhadores na rota da aposentadoria que possuem conhecimento crítico e os convida a participar de um programa no qual eles informam sobre todos os conhecimentos que adquiram durante o curso de suas carreiras.

Em vez de investir na tentativa de capturar todo o conhecimento crítico de todos os empregados que se aposentam com longos anos de trabalho e experiência acumulados, as informações fornecidas pelos trabalhadores são filtradas e inseridas em um banco de dados acessível a gerentes da empresa no mundo inteiro. Quando um desses gerentes tem uma demanda que requer conhecimento especializado, consulta a base de dados em busca dos aposentados que detêm o conhecimento necessário. Então a empresa os convida para um trabalho remunerado temporário a fim de que eles compartilhem seu conhecimento com a equipe do projeto.

Dessa forma, a Bosch atende às demandas de conhecimento da companhia e, ao mesmo tempo, reconhece o valor da experiência dos mais velhos e proporciona oportunidades de trabalho dignas para os trabalhadores aposentados. Uma boa estratégia até mesmo para a gestão do relacionamento com a sociedade.

Tendo em mente os principais desdobramentos do envelhecimento populacional sobre o campo do trabalho estudados nos capítulos deste livro, parece razoável arriscar uma pergunta que serve bem ao interesse de balizar novas reflexões e discussões sobre trabalho e longevidade no século XXI: **sua organização já sabe o que os *baby boomers* significam para ela e como ela vai lidar com isso a partir de hoje?**

Hoje são poucas as empresas que têm condições de responder a essa pergunta com propriedade. Mas o número de organizações que irão gerir seus negócios com foco nas demandas e oportunidades da força de trabalho envelhecida, em resposta ao encolhimento da mão de obra e/ou à perda de inteligência institucional que ocorrerá na medida em que a geração de *baby boomers* adentrar o processo de aposentadoria se elevará progressivamente. Aquelas organizações que conseguirem compreender o impacto do envelhecimento populacional sobre todos os campos da vida e estiverem prontas para intervir rapidamente na forma como fazem a gestão de sua força de trabalho aumentarão exponencialmente suas chances de aproveitar os benefícios deste fenômeno.

Espero sinceramente que a leitura deste livro tenha contribuído para apontar caminhos que conduzam à obtenção de uma resposta lúcida para tal questão e que, partindo dela, sua organização seja capaz de adotar estratégias e modelos de gestão inovadores para gerir os negócios com foco nas demandas e oportunidades de uma força de trabalho que será, em um primeiro momento, altamente diversificada e, posteriormente, envelhecida. Certamente as organizações que conseguirem compreender o quanto essas mudanças serão cruciais para os negócios já nas próximas décadas – e que se prepararem para intervir de maneira rápida e resiliente na forma como fazem a gestão de sua força de trabalho – elevarão exponencialmente suas chances de aproveitar os benefícios do aumento da longevidade da população brasileira, convertendo riscos em oportunidades de ganhos em competitividade, produtividade e sustentabilidade

Referências

ALVES, J. E. (2000). Mitos e realidade da dinâmica populacional. *IN: Anais do XII Encontro de Estudos Populacionais da ABEP.* Caxambu: ABEP.

AMORIM, F. A. (2009). *Mudanças recentes no uso de métodos contraceptivos no Brasil: a questão da esterilização voluntária.* Dissertação de Mestrado, Escola Nacional de Ciências Estatísticas, IBGE, Programa de Pós-Graduação em Estudos Populacionais e Pesquisas Sociais, Rio de Janeiro.

ARANHA, M. L. (1996). *História da educação.* (2ª ed.). São Paulo: Moderna.

AZEVEDO, F. F. (2010). *Dicionário analógico da língua portuguesa: ideias afins/thesaurus* (2ª edição ed.). Rio de Janeiro: Lexikon.

BEHRMAN, J. R.; DURYEA, S.; SZÉKELY, M. (2001). Aging and economic opportunities: major world regions around the turn of the century. *Proceedings of the International Union for the Scientific Study of Population, General Conference 24.* Paris, France: International Union for the Scientific Study of Population.

BERQUÓ, E. (14 de 09 de 2013). *Brasil está desperdiçando seu bônus demográfico. O GLOBO* (M. T. COSTA, Entrevistador).

BRITO, F. (jan/jun de 2008). Transição Demográfica e Desigualdades Sociais no Brasil. *R. bras. Est. Pop, 25,* 5-26.

CAMARANO, A. A. (fevereiro de 2013). *Envelhecimento Populacional: Perda de capacidade laborativa e políticas públicas*. Rio de Janeiro, Brasil.

CAMARANO, A. A.; KANSO, S.; FERNANDES, D. (2012). Saída do Mercado de Trabalho: qual é a idade? (C. H. CORSEUIL, Ed.) *Mercado de trabalho: conjuntura e análise, 51*, pp. 19-28.

CAMPOS, C. J. (2004). Método de Análise de Conteúdo: ferramenta para a análise de dados qualitativos no campo da saúde. *Rev. Bras. Enferm.*(57), 611-614.

CENTRAL INTELLIGENCE AGENCY. (2013). *The World Factbook*. Acesso em 14 de 05 de 2013, disponível em https://www.cia.gov/library/publications/the-world-factbook/rankorder/2102rank.html

CHEN, Y.-P.; TURNER, J. (2007). Raising the Retiremente Age in OECD Countries. In: T. GHILARDUCCI & J. TURNER, *Work Options for Older Americans*. Indiana: University of Notre Dame.

CHIZZOTTI, A. (2006). *Pesquisa qualitativa em ciências humanas e sociais*. Petrópolis, RJ: Vozes.

CNI (2014a). *Retratos da Sociedade Brasileira*. Ano 4, Nº 19. Confederação Nacional da Indústria.

___ (2014b). *Educação para o mundo do trabalho: a rota para a produtividade*. Ano 4, Nº 19. Confederação Nacional da Indústria.

DÁVILLA, A. (2012). *Golden Workers*. D4.1 Roadmap Report, European Commission Seventh Framework Programme.

DE GREY, A. (2005). *Defeating Aging*. Acesso em 14 de junho de 2010, disponível em TED.com: Disponível em http://www.ted.com/speakers/aubrey_de_grey.html.

DE MASI, D. (2001). *O Futuro do Trabalho: Fadiga e Ócio na Sociedade Industrial*. Rio de Janeiro: José Olympio.

DEBERT, G. G. (2004). *A Reinvenção da Velhice: Socialização de Processos de Reprivatização do Envelhecimento*. São Paulo: Editora da Universidade de São Paulo.

DEBERT, G. G. (2007). A antropologia e o estudo dos grupos e das categorias de idade. In: BARROS, M. M., *Velhice ou terceira idade? Estudos antropológicos sobre identidade, memória e política.* (4a ed., p. 236). Rio de Janeiro: Editora FGV.

DEJOURS, C.; ABDOUCHELI, E.; JAYET, C. (2010). *Psicodinâmica do Trabalho: contribuições da Escola Dejouriana à análise da relação prazer, sofrimento e trabalho.* São Paulo: Atlas.

ENGELS, F. (1876). *Sobre o papel do trabalho na transformação do macaco em homem.* Ridendo Castigat Mores.

FGV IBRE. (Janeiro de 2011). O bônus demográfico brasileiro está em sua fase final. *Revista Conjuntura Econômica, 65.*

FLEURY, A. C. (Julho/Setembro de 1980). Produtividade e organização do trabalho na indústria. *Revista de Administração de Empresas, 20.*

FRANCO, M. L. (fevereiro de 1989). Possibilidades e limites do trabalho enquanto princípio educativo. *Cad. Pesq.*, pp. 29-37.

GAULEJAC, V. d. (2007). *Gestão Como Doença Social: Ideologia, Poder Gerencialista e Fragmentação Social.* (I. Storniolo, Trad.) São Paulo, Brasil: Ideias & Letras.

GIBBS, G. (2009). *Análise de dados qualitativos.* Porto Alegre, Brasil: Artmed.

GOLDENBERG, M. (2007). *Nu & Vestido: dez antropólogos revelam a cultura do corpo carioca* (2a. ed.). Rio de Janeiro, Brasil: Record.

GOLDSMITH, T. (2011). *Aging by Design: How New Thinking on Aging Will Change Your Life.* Crownsville, USA: Azinet Press.

GRAY, M. (1996). *Preventive Medicine. Epidemiology in Old Age.* (S. EBRAHIM, & A.. KALACHE, Eds.) London: BMJ Publishing Group.

GUILARDUCCI, T.; TURNER, J. (2007). *Work Options for Older Americans*. Indiana: University of Notre Dame.

HADDAD, E. G. (1986). *A Ideologia da Velhice*. São Paulo: Cortez.

IBGE (2006). *Indicadores Sociodemográficos: Prospectivos para o Brasil 1991-20*30. Rio de Janeiro: Arbeit Editora e Comunicação. Acesso em 01 de 2013.

_____ (2008). *Projeção da população do Brasil por sexo e idade 1980-2050*. Diretoria de Pesquisas. Coordenação de População e Indicadores Sociais: Revisão 2008. Rio de Janeiro: IBGE.

_____ (2009). *Dinâmica demográfica e a mortalidade no Brasil no período 1998-2008*. Acesso em 10 de 06 de 2013, disponível em http://www.ibge.gov.br/home/estatistica/populacao/tabuadevida/2008/notastecnicas.pdf.

_____ (2010). *Censo Demográfico 2010: Trabalho e Rendimento*. Resultados da amostra. Rio de Janeiro: IBGE.

_____ (2011). *Censo Demográfico 2010: Características da população e dos domicílios. Resultados do universo*. Ministério do Planejamento, Orçamento e Gestão. Rio de Janeiro: IBGE.

_____ (2011). *Sinopse do Censo Demográfico 2010*. Ministério do Planejamento, Orçamento e Gestão. Rio de Janeiro: IBGE.

IPEA (2012). *Mercado de trabalho: conjuntura e análise. 51*. (C. H. CORSEUIL, Ed.) Brasília: IPEA, MTE.

_____ (2014). *Novo Regime Demográfico: uma nova relação entre população e desenvolvimento?* Org. Ana Amélia Camarano. Brasília: IPEA.

ISMAEL, J. (2006). The Ethical Importance of Death. In: C. TANDY (Ed.), *Death an Anti-Death, Volume 4: Twenty Years After De Beauvoir, Thirty Years After Heidegger* (Vol. 4). Palo Alto, California, USA: Ria University Press.

KAISER, D. P. (2006). *Origin & Ancestors Families Karle & Kaiser of the German-Russian Volga Colonies.* Texas, USA: Darrel P. Kaiser.

KALACHE, A. (2013). *The Longevity Revolution: creating a society for all ages.* Government of South Australia, Department of the Premier and Cabinet. Adelaide: Department of the Premier and Cabinet.

KALACHE, A.; KICKBUSCH, I. (1997). *A Global Strategy for Healthy Ageing.* USA: World Health Organization.

KIRKWOOD, T. (1996). *Mechanisms of Ageing: Epidemiology in Old Age.* (S. EBRAHIM & A. KALACHE, Eds.) London, England: BMJ Publishing Group.

LA BOÉTIE, É. (2010). *Discurso da servidão voluntária.* (C. LINARTH, Trad.) Martin Claret.

LEHRER, K. (2006). Death and Aesthetics. In: C. TANDY (Ed.), *Death an Anti-Death, Volume 4: Twenty Years After De Beauvoir, Thirty Years After Heidegger* (Vol. 4). Palo Alto, California, USA: Ria University Press.

LEIBOLD, M.; VOELPEL, S. (2006). *Managing The Aging Workforce: Challenges and Solutions.* Germany: Publicis Corporate Publishing and Wiley-VCH-Verlag GmbH & Co KGaA.

MARMOT, M. (2006). *Health in an Unequal World. The Harveian Oration.* . London: Royal College of Physicians of London.

MARX, K. (1979). Manuscritos econômicos e filosóficos. In: E. FROMM, *Conceito Marxista do homem.* Rio de Janeiro, Brasil: Zahar.

MARX, K. (1985). *O Capital: crítica da economia política.* São Paulo, Brasil: Nova Cultural.

MORIN, E. M. (Jul/Set de 2001). Os sentidos do trabalho. *RAE – Revista de Administração de Empresas, 41,* 8 a 19.

MUELLER, L. D.; RAUSER, C. L.; ROSE, M. R. (2011). *Does Aging Stop?* New York: Oxford University Press, Inc.

MUNNELL, A. H. (2007). Working Longer. A potential win--win proposition. In: T. GHILARDUCCI & J. TURNER, *Work Options for Older Americans*. Indiana: University of Notre Dame.

MUNNELL, A. H; SASS, S. A. (2009). *Working Longer: The Solution to The Retiment Income Challenge*. Washington, D.C.: Brookings Intitution Press.

MUSSETT, S. M. (2006). Ageing and Existentialism: Simone de Beauvoir and The Limits of Freedom. In: C. TANDY (Ed.), *Death an Anti-Death, Volume 4: Twenty Years After De Beauvoir, Thirty Years After Heidegger* (Vol. 4). Palo Alto, California, USA: Ria University Press.

NONATO et al., F. J. (maio de 2012). O perfil da força de trabalho brasileira: trajetória e perspectivas. *Mercado de trabalho: conjuntura e análise*, pp. 29-41.

OLIVEIRA, M.; SILVEIRA, S. (2012). O(s) sentido(s) do trabalho na contemporaneidade. *Linguística Aplicada das Profissões, 16*(1), 149-165.

OMS. (2005). *Envelhecimento Ativo: Uma Política de Saúde*. (S. GONTIJO, Trad.) Brasília: Organização Pan-Americana da Saúde.

Organização para Cooperação e Desenvolvimento Econômico. (1998). *Maintaining Prosperity in an Ageing Society*. Paris: OCDE.

PASSOS, B. C. (2005). *IDP – Índice de Desenvolvimento Previdenciário: uma nova ferramenta para a gestão previdenciária no Brasil*. Rio de Janeiro, Brasil: e-papers.

PUPO, M. B. (2005). *Empregabilidade acima dos 40 anos*. São Paulo: Expressão e Arte.

PwCBrasil. (2013). *Envelhecimento da força de trabalho: Como as empresas estão se preparando para conviver com equipes, que, em 2040, serão compostas principalmente por profissionais com mais de 45 anos?* São Paulo: PricewaterhouseCoopers Brasil.

RASKIN, P. M.; GETTAS, G. (2007). Continued Labor Force Participation. In: T. GHILARDUCCI & J. TURNER, *Work Options for Older Americans* (pp. 65-82). Indiana, USA: University of Notre Dame.

RODRIGUES, L. D.; SOARES, G. A. (2006). Velho, idoso e terceira idade na sociedade contemporânea. *Revista Ágora, 4,* 1-29.

SARGEANT, M. (2006). *Age Discrimination in Employment.* Great Britain: Gower.

SELLTIZ, C. (2006). *Métodos de Pesquisa nas Relações Sociais.* (D. M. Leite, Trad.) São Paulo, Brasil: E.P.U.

SENNETT, R. (2009). *O Artífice.* Rio de Janeiro: Record.

SENNETT, R. (2010). *A Corrosão do Caráter.* Rio de Janeiro: Record.

TOFFLER, A. (1980). *A Terceira Onda.* (9a edição ed.). Rio de Janeiro: Record.

UN (1999). *Demographics of Older Persons, The 1998 Revision.* Department of Economic and Social Affairs, Population Division. New York: United Nations.

_____ (2001). *World Population Prospects: The 2000 Revision.* Department of Economic and Social Affairs, Population Division. New York: United Nations.

_____ (2006). *Population Ageing 2006.* Acesso em 14 de junho de 2006, disponível em http:// www.un.org/esa/population/publications/ageing/ ageing2006.htm.

_____ (2011). *World Population Prospects: The 2010 Revision.* Department of Economic and Social Affairs, Population Division. New York: United Nations. Disponível em http://esa.un.org\unpd\wpp\index.htm. Acessado em setembro de 2012.

UNFPA (2007). *Urbanization: a majority in cities.* United Nations Population Fund.

Universidade Federal de Juiz de Fora. (26 de setembro de 2012). *O ônus do bônus demográfico.* Acesso em 19 de junho de 2013, disponível em Laboratório de Demografia e Estudos Populacionais: http://www.ufjf.br/ladem/2012/09/26/o-onus-do-bonus-demografico/

WEF. (2013). *Insight Reports Global Risks 2013: Eighth Edition.* An Initiative of the Risk Response Network. Geneva: World Economic Forum.

_____ (2014). *Insight Reports Global Risks 2014: Ninth Edition.* An Initiative of the Risk Response Network. Geneva: World Economic Forum.

YIN, R. K. (2001). *Estudo de Caso: Planejamento e Métodos* (2ª ed.). (D. GRASSI, Trad.) Porto Alegre: Bookman.

ZAMBERLAN, F. L. (1987). *A Qualificação do Trabalho na Indústria: Evolução e Conceitos.* Rio de Janeiro: UFRJ.

ZHAVORONKOV, A. (2013). *The Ageless Generation.* Acesso em 31 de maio de 2013, disponível em http://www.agelessbook.com/the-book/.

QUALITYMARK EDITORA

Entre em sintonia com o mundo

QUALITYPHONE:
0800-0263311
Ligação gratuita

Qualitymark Editora
Rua Teixeira Júnior, 441 - São Cristóvão
20921-405 - Rio de Janeiro - RJ
Tel.: (21) 3295-9800
Fax: (21) 3295-9824
www.qualitymark.com.br
E-mail: quality@qualitymark.com.br

Dados Técnicos:

• Formato:	14 x 21 cm
• Mancha:	11 x 18 cm
• Fonte:	Bookman Old Style
• Corpo:	11
• Entrelinha:	13
• Total de Páginas:	248
• 1ª Edição:	2015
• Impressão	Grupo SmartPrinter